清末民初
量词的计量研究

王峥杰　著

山东画报出版社

济南

图书在版编目（CIP）数据

清末民初量词的计量研究 / 王峥杰著. -- 济南：
山东画报出版社 , 2025. 4. -- ISBN 978-7-5474-5221-9

Ⅰ. H146.2

中国国家版本馆CIP数据核字第2025S5S088号

QINGMO MINCHU LIANGCI DE JILIANG YANJIU

清末民初量词的计量研究

王峥杰　著

责任编辑　刘　丛
装帧设计　王　芳　丁文婧

主管单位　山东出版传媒股份有限公司
出版发行　山东画报出版社
　　社　　址　济南市市中区舜耕路517号　　邮编 250003
　　电　　话　总编室（0531）82098472
　　　　　　　市场部（0531）82098479　82098476（传真）
　　网　　址　http:/www.hbcbs.com.cn
　　电子信箱　hbcb@sdpress.com.cn
印　　刷　山东新华印务有限公司
规　　格　148 毫米 × 210 毫米　1/32开
　　　　　　　8印张　150千字
版　　次　2025 年 4 月第 1 版
印　　次　2025 年 4 月第 1 次印刷
书　　号　ISBN 978-7-5474-5221-9
定　　价　58.00元

如有印装质量问题，请与出版社总编室联系更换。

前　言

　　清末民初时期是中国历史上极为特殊的时段，它处于中外文明碰撞交流的大变动、大革新的节点上，由此引发了中国社会、政治、经济、文化等层面的同步巨变。以往学者的研究，大都聚焦于这一时期的历史、文学、新闻传播等领域进行剖析。

　　近些年来，随着文献资料的不断发掘和整理，清末民初报刊类语言材料进入汉语研究者们的视野。据统计，"整个清末民初白话类的报、刊（还不包括白话书籍），总数就在 600 来种。"[1]清末民初的白话报刊作为真实反映社会巨变、文化交汇、思想碰撞的载体，记录了大量清末民初时期的真实语言材料，

---

[1] 胡全章著. 清末民初白话报刊研究 [M]. 北京：中国社会科学出版社，2011：5.

是研究汉语史的第一手资料。清末民初时期报刊发行量大，文体多样，语言材料丰富且时间上具有连续性的特征，这为我们研究现代汉语的溯源和演变问题提供了可能。

山东师范大学文学院的张文国教授，是国内较早接触和发掘清末民初白话报刊语料且以之为基础语料对汉语本体进行研究的学者之一。目前，已成功申报两个国家社科基金项目和十余项省部级课题，成果颇丰。

词汇最能及时反应语言的细微变化，而量词作为汉语中极具特点的词类，与以英语为代表的印欧语的量词用法存在较大差异。吕叔湘先生在《现代汉语八百词》中说："汉语的特点在于量词应用的普遍性。"[2]纵观清末民初时期的汉语量词研究，目前除个别的硕士论文涉及外，几乎处于量词研究的空白地带。

因此，本书选取清末民初时期极具代表性的50种白话报刊语料（共计12628596个字符），对其中的量词系统做初步的计量描写，以期对这一极为重要但却为多数量词研究者边缘化的清末民初汉语量词有更加深入的了解，从而为推动汉语量词研究的进一步发展提供理论支撑，为深化汉语词汇史研究添砖加瓦。

清末民初时期的报刊中，有文言报刊，有白话报刊，也存

---

〔2〕吕叔湘主编. 现代汉语八百词（增订本）[M]. 北京：商务印书馆，1999：15.

在文白夹杂的情况。为保证研究的科学性，针对文白夹杂的清末民初报刊，我们只选取白话部分的语料进行研究。50 种白话报刊的基本情况列表如下：

报刊名称	语料时段	发行地	报刊名称	语料时段	发行地
中国官音白话报	1898	无锡	苏州白话报	1901	苏州
杭州白话报	1901—1903	杭州	图画演说报	1901	浙江
北洋官报	1902—1912	天津	大公报	1902—1918	天津
启蒙通俗报	1902	成都	新小说	1902—1905	日本
京话报	1903	北京	湖南演说通俗报	1903	长沙
宁波白话报	1903—1904	上海	绍兴白话报	1903—1906	绍兴
绣像小说	1903—1906	上海	中国白话报	1903—1915	上海
安徽俗话报	1904—1905	芜湖	敝帚千金	1904—1907	天津
福建白话报	1904—1909	福州	江苏白话报	1904—1905	常熟
京话日报	1904—1918	北京	四川官报	1904—1910	成都
吴郡白话报	1904	苏州	北直农话报	1905—1906	保定
第一晋话报	1905—1906	东京	南浔通俗报	1905	南浔
申报	1905—1916	上海	直隶白话报	1905	保定
国文报	1906—1907	济南	海城白话演说报	1906	辽宁
竞业旬报	1906—1909	上海	月月小说	1906—1909	上海
吉林白话报	1907	吉林	顺天时报	1907	北京
安徽白话报	1908—1909	安庆	河南白话科学报	1908	河南
小说时报	1909—1919	上海	扬子江白话报	1909	镇江
滇话报	1910	东京	少年	1911—1914	上海
法政浅说报	1911—1912	北京	通俗报	1912	福建
女子白话报	1913	北京	江西通俗旬报	1915—1917	南昌
四川旬报	1915	成都	善导报	1914—1916	上海
通俗杂志	1915	上海	新青年	1916	广州

（续表）

报刊名称	语料时段	发行地	报刊名称	语料时段	发行地
江苏省公报	1916	镇江	吉林通俗教育讲演稿范本	1916—1917	吉林
官话注音字母报	1916—1918	北京	小说画报	1917—1918	上海

清末民初时期现代标点符号系统尚未形成，白话报刊继承了古籍中文字不加标点的传统，有时句与句以及各分句之间以空格断开，有的则为连续印刷的"古籍"体。为方便研究，针对报刊本身以空格断开的例句，我们只添加相应的标点；而从头到尾没有标点的，则人工断句并标注。

没有翔实语料做基础的汉语研究必然是大打折扣的。本书通过大量清末民初时期真实的报刊书面语和口语材料的呈现，对本期汉语量词的概貌做共时的描写分析，并与现代汉语中的使用情况做历时比较，有助于促进清末民初汉语量词研究的深化和完善。汉语量词研究史上，名量词研究起步较早，研究范围和内容也更广泛。处于汉语巨变时期的清末民初名量词，呈现出明显异于古代汉语和现代汉语名量词的过渡性特点，值得深入剖析和探讨。因此，本书研究的对象为清末民初时期的名量词，不涉及动量词。

目前，学界对现代汉语量词来源的认识较为统一，即来源于清代的量词系统。但是，语言的发展演变具有渐变性，不可能突变完成。本书将给予汉语量词研究新的材料，从而引发新思考，尤其是现代汉语量词来源问题的进一步探讨。

2017 年秋至今，我在山东师范大学已经学习和生活了 7 年。回望过去，硕博期间离不开家人精神和物质上的支持，离不开恩师张文国先生的谆谆教诲，离不开师母范红的悉心关照和各位师兄师姐的帮助，在此表示最真挚的感谢。

"路曼曼其修远兮，吾将上下而求索。"做科研的过程是痛苦的，但好在精神世界里花香遍野，有所惑，有所得。

2024 年 9 月　于千佛山下

目 录

第一章

清末民初个体量词之外形量词研究

汉语量词系统中，个体量词最为典型，个体量词系统内部，以外形特征类量词最具特色。顾名思义，外形特征是指人们肉眼所视范围内事物呈现出来的形态特征，是量词大类中最具直观性的一种特征。根据事物外形特征的不同，我们将清末民初的汉语量词分为点状量词、线状量词、面状量词以及块状量词四类。下文结合相关语料进行共时的描写分析。

第一节　点状个体量词

点状量词，主要计量形体上较小且多为或近似圆粒状的物体。据统计，清末民初白话报刊中，点状量词共出现 766 次[1]，

---

[1] 有时一个例句中可能多次使用同一量词，因此我们用量词出现的频次来计量，而不使用例句的数量。下同。

1

主要有：点、粒、颗。

【点】

《说文·黑部》："点，小黑也。"本义是小黑点，也指小的痕迹。在魏晋南北朝时期已发展成熟，至清末民初时期，其称量对象更为宽泛。

据统计，清末民初白话报刊中，量词"点"共出现 183 次。略举几例。[2]

（1）人生在这一国里就是这一国的民，若是一点知识本事靡有，天天白吃饭叫作游民。[吉林通俗教育 1916（6）33][3]

（2）苏州乡下，有一村庄，近数年来，有了一道铁路，总算替这村庄添了一点新气象。[少年 1913 第 3 卷（3）8]

（3）人家说好，他也说好，人家说歹，他也说歹，自己毫无一点见解，那可就没了真是非了。[京话日报 1905.11.12-6]

在汉语历史上，"点"称量具体事物很常见，如"食物""钱"等，不再举例。例（1）—例（3）中的"知识""本事""气象""见解"均为抽象名词，与现代汉语的用法无异，说明清末民初时期量词"点"已经发展完备。

---

〔2〕限于篇幅，每个量词词条下仅列举部分较典型例句。

〔3〕本书例句出处格式主要有两种：一种是此例，为［报刊名＋年份＋（期数）＋页码］式；另一种为例（3），格式为［报刊名＋年份＋月份＋日期－版次］。

【粒】

《说文·米部》:"粒,糂也。"本义是谷米之粒,做量词多指颗粒状的事物。在魏晋南北朝时期已经产生,主要计量谷类、植物的种子等。到了清末民初,其称量对象扩大,但大多保持"小而圆"之义。从语料来看,其主要计量对象沿袭前代不变,占比较大。

据统计,清末民初白话报刊中,量词"粒"共出现275次。如下几例。

(1)庄稼人们辛辛苦苦的栽培作物,一旦犯着病害虫害,或者大减收量,甚而至于落个满地平,连一粒粮食也不能见,你们说这苦不苦呢? [北直农话报 1906(19)02]

(2)西俄罗斯各地,几乎两年之中,不获一粒,大抵中等以下之人,皆食草根。[新新小说 1904 第 1 卷(3)08]^{〔4〕}

(3)裴氏佛氏,都说是儿童的意志,比植物学的萌芽,将来的昌盛发达,都含在这萌芽中,这豆大似的一粒实,实包孕日后,参天蔽云,千枝万叶的原质。[北洋官话报 1906(9-10)05]

(4)五个小红点,仔细一看,原来非珠非宝,乃是小豆五粒。[大公报 1917.08.27-9]

---

〔4〕有时,白话报刊中会有卷序,加在期数之前;下面例(3)中的"(9-10)"表示"第9期和第10期合刊"。

（5）七年的夏天，因为我门偷了他几粒樱桃吃了，可怜我全家都毙于新嘉尔的手枪之下。[小说时报 1911（12）15]

（6）阿二道："别忙，我再剥一粒瓜子仁给你吃。"[顺天时报 1907.06.12-5]

（7）此虫为黑色短小之种类，性灵敏……卵髓圆形，藏于胶状内，数约二百余粒，恒产于溪流及河岸等岩石上。[江苏省公报 1917（1414）10]

（8）士敏见这块饼上芝麻很多，深恐拿在手中吃了蹧蹋芝麻，便拿一张报纸铺在账桌上衬纸吃，饼上粒粒屑落下，芝麻饼屑都在纸上。[小说画报 1919（19）145]

阎伟（2007）认为："'粒'的本义是'米粒'，引申为量词用来计量像米粒一样'小而细碎'的物体。"[5] 上面八例中，"粒"分别计量"粮食""实""小豆""樱桃""瓜子""虫""饼屑"等名词，均具备"小而细碎"的特征。

清末民初时期，"粒"扩大到称量"人体表皮附着物"。例如：

（9）这句话，他说得极简单极安闲，也不悲惨也不惊异，声音响亮，两粒碧悠悠的眼珠中，放出异样的光彩。[申报 1915.05.18-14]

---

〔5〕阎伟.谈"颗"说"粒"[J].东北农业大学学报（社会科学版），2007（01）:70-71.

（10）侯爵听了这一番说话，额上早涨出一粒粒的冷汗珠来，把满胸疑云，一齐扫尽。[小说时报 1913（18）44]

（11）我却牢牢记住那厮的面貌，左边颊下有粒黑子，如菀豆般大，痣有一撮，黄毫约有一寸多长。[小说画报 1918（13）85]

例（9）—例（11）中"粒"的称量对象"眼珠""汗珠""大痣"均为"人体表皮附着物"，这一特殊用法用例虽少，但却增强了文字的修辞功能，使得表述形象、生动。

【颗】

《说文·页部》："颗，小头也。"本义是小而圆的物体，因此引申为点状量词。魏晋南北朝就有相关用例，用以计量颗粒状事物，清末民初依然沿用，且计量范围稍有扩大。

据统计，清末民初白话报刊中，量词"颗"共出现 308 次。语料例如：

1. 用于颗粒状或圆形的物品

（1）近来打仗，都说要用大炮和新式的快炮……还有格林炮四尊，每分钟能放二百颗弹子，共弹子费约英金二千镑。[中国官音白话报 1898（5、6）6]

（2）彭！一颗爆烈弹从半天里直堕下来，霎时间栋折梁崩，墙坍壁倒。[申报 1915.11.18-14]

（3）这几种骂法，却不是寻常小百姓可以学得，至少也要

头上戴一颗水晶球，脑后拖一枝青松毛。[杭州白话报1903（11）25]

（4）镯上雕的花鸟，细入豪芒，神情毕肖，上面还嵌着指头大的三颗钻石。[新小说1903（162）10]

（5）已革山西刺史黄璟送食物进宫，另外有大珍珠一颗，约值八九千金，皇太后赏收欢喜到了不得。[杭州白话报1901（22）14-15]

（6）有一等妇人，不知一根草自有一颗露水珠子，养天生一人，必有一人衣食，家贫也是无妨的。[湖南演说通俗报1903（3）05]

（7）可怜他那一颗睛珠，登时突了出来，四肢也渐渐的松懈下去。[申报1914.05.05-14]

（8）那知这位王太史，坐在抚台的公事桌上凝思，头上的汗，有黄豆大，一颗一颗从颈脖子上，挂到那硬胎海虎绒领里去了。[绣像小说1904（22）122]

（9）泉客听了这一席话，就躺在床上，照他所说的法，炮制了好几颗丹，吸了好几回。[直隶白话报1905第1卷（02）11]

（10）国威顺手拿着权守鄂州的一颗铜印，照头摔去，韩新眼快，连忙躲时，肩上已着了一下。[新小说1904（03）10]

（11）恰好这日便是好日子，就在佛前替曼鹃把头重剃上一

回，又在他头上烧上六颗香疤，受了五戒。[小说时报 1922（5）09]

（12）众人举眼看时，原来上面一片果树，深黄淡绿的果子，一颗颗的挂在树梢。[绣像小说 1905（51）03]

（13）鲜大柠檬一颗，鲜甘凳六颗，剥取外皮入沸水罐密盖，别以白糖一斤，水三合，熬成糖膏。[南浔通俗报 1905（15）01]

（14）雹的形状有二种，一是独颗的形状，一是集合的形状。[敝帚千金 1906（12）18]

（15）方丈拣了几颗饭，略微尝了一尝，便搁下了。[小说林 1907（11）55]

（16）过了一日，桂森便叫人去买了几颗骰子，照样的玩起来。[绣像小说 1905（43）05]

例（1）—例（16）中分别计量"弹子""爆裂弹""水晶球""钻石""珍珠""水珠子""眼珠""汗""丹""铜印""香疤""果子""柠檬""柑橘""雹""饭""骰子"。从称量对象的范围来看，"颗"的计量对象极为丰富，无论是"武器"还是"珍宝"，无论是自然的"果实"，抑或是液体类物体等均有涉及。

2. 表示与人或动物相关的事物

（17）国威正色道："你倘要在鞑子跟前立功献媚，我将这

颗脑袋，送给你去请功。"[新小说 1904（03）09]

（18）我只怕你害民贼呵，你你这颗颅儿和颈儿，不几时安安稳稳的保。[申报 1907.11.16-26]

（19）茉莉儿晓妆初罢，眼波欲滴……右手捏一方白地蓝花的手帕托在嘴唇边，微启一颗樱桃小口，露出贝似的几个牙齿。[申报 1915.06.09-14]

（20）此刻到教这班政府左右做人难，已将达赖弄来，原为谈整理西藏事的，同他谈呢，不知道他的这颗心儿，可向我不向。[竞业旬报 1908（32）08]

（21）栖桐见他肌肤白腻得和羊脂玉般，酥胸前有一颗小小红痣，鲜如丹砂，越觉得可爱。[小说画报 1917（09）162]

（22）幸亏汤姆来，看见了，将他扶至房中，慢慢地才醒了转来，等到知觉一经恢复，那颗颗的情泪，不由得滚了下来。[小说时报 1916（27）15-16]

（23）大凡山上的茧，颜色顶纯的，或是黄或是白，都要清清楚楚，一颗一颗挂在山上，那茧的大小也是一样的，不要一颗大一颗小，这种就是好茧。[中国白话报 1903（3）69]

（24）养蚕，第一要拣选好的蚕种，大约蚕纸上面一样带紫色，颗颗整齐有光泽的必好。[杭州白话报 1902 第 2 卷（27）12]

例（17）—例（22）中，"颗"计量"脑袋""樱桃小口"

"心儿""红痣""泪"。历史文献中"口"从未被"颗"修饰，但是在语境中，为表示"樱桃小口"的"小"到极点，用了"颗"表夸张，具有语用上的创新性；例（23）和例（24）分别与"茧""蚕种"组配，语料中类似的用法还可与"蛾"搭配。

3. 计量天体、卫星

（25）天上有几颗星，明明灭灭照着那树林。[杭州白话报1902 第 2 卷（14）04]

（26）在火星和木星中央，有小行星二百余颗，这些小行星自转时候，约二十四个小时。[杭州白话报 1901（20）07]

（27）钱仲义一路走着，不觉已到湖边，这时候已是五点钟左右，那一颗火球似的太阳，已慢慢地向对葛岭背后沉了下去。[小说画报 1917（03）109]

（28）在先一个月半天之中，忽现一颗长星光芒四射，天文家称作蚩尤星，说是最主刀兵，可说是不祥之兆。[星期小说 1911（67）38]

上面 4 例中，"颗"分别计量"星""火星""木星""小行星""太阳""长星〔6〕"。"颗"计量"星体"在历史文献中无用例，因此，我们认为这一用法的源头就是清末民初，这一时期西学东渐之风盛行，西洋国家先进的科学技术通过传教士、洋

---

〔6〕古星名。类似彗星，有长形光芒。

务派以及维新人士的翻译引进国内。

樊中元（2009）认为：“从认知角度看，人们在认识世界的过程中，往往对千差万别的事物进行类化处理，即将有相似性的事物概括为一个范畴，而将非相似的事物排斥于这个范畴之外。”[7]人们对星体类事物开始给予更多关注，必然要求用相应的量词予以称量，人们肉眼观察到的星体呈现出“小而圆”的特征，这与“颗”的语义特征不谋而合，因此“颗”的称量对象扩展到“星体”。

4.犹“棵”，用于植物

（29）昨天本馆的人，往西城有事，走到一颗树底下歇着。[京话日报 1905.8.19-3]

（30）伯生巴不得这一声，忙拣舍傍一颗枫，系了马，倚了猎枪，跟着那人进了茅舍。[小说画报 1918（16）131]

（31）过了数日，三人跑到后院看那埋貔狐子的地方，忽然生出八颗大白菜来。[小说画报 1917（02）63]

（32）棠书桌上，两只白石花盆，养着两颗水仙花，嫩绿初抽。[小说画报 1917（06）91]

（33）春天一条虫，等到秋里可以变生百万条虫，一虫害一稻，百万条虫，岂不就要伤害百万颗稻吗？[江苏省公报 1918

---

〔7〕樊中元.论配同关系量词“颗”与“粒”[J].广西师范大学学报（哲学社会科学版），2009，45（06）:84-87.

（1616）06]

（34）发芽以后，烟秧渐渐长大，待生到四个叶的时候，择其最密的地方，将弱小的秧拔他一拔，使床中的秧，疏密均匀，约寸远一颗正好。[直隶白话报 1905 第 1 卷（5）5]

上例中的"颗"计量"树""枫""白菜""水仙花""稻""烟秧"，几乎涵盖所有种类的植物。在古代汉语中，有很多通假借形的情况，"颗"在这里表示"棵"所称量的名物，在具体语言环境中用法完全相同。因此，处于古代汉语和现代汉语交汇处的清末民初语言，保留有较多的古汉语的留存，这种字形互借现象到现代汉语中已被规范化，只用"棵"而不用"颗"计量植物类名词了。

第二节　线状个体量词

线状量词，是指与长条状或者线状事物的量词，也称条状量词。作为个体量词最具代表性的一类，线状量词也是学界研究最多且成果颇丰的"重点量词"，因此本书也对此部分内容做了详尽的描写分析。统计发现，清末民初白话报刊语料中，有条、根、带、道、株、棵、支、枝、管、股、丝、线，共 12 个线状量词。数量上与前代无异，没有产生新的线状量词，用法上空前多样化。下文分别论述。

【条】

《说文·木部》："条，小枝也。"本义是树木细长的枝条，由此作为称量长条形状事物的量词。清末民初时期，"条"做量词可称量的名物范围大大增加，可谓"空前绝后"，不仅超过清末前，甚至超过了现代汉语的用法。

据统计，清末民初白话报刊中，量词"条"共出现 2602 次。

1. 计量线长状物件

（1）黑海东面有一条大港通里海，西面也有大港，将西土耳中土耳之间穿出去，东流到地中海。[中国官音白话报 1898（22）05]

（2）英国拿塞门德土，在海里头筑了一条堤，留出一个口儿，预备停船。[绣像小说 1903（03）07]

（3）俄国海参威的海军，共有铁甲船三只，余外小战船，和鱼雷艇，还有十多条。[京话日报 1904.8.19-2]

上 3 例中，"条"分别称量"大港""堤""鱼雷艇"等"海事"类名物词，类似的名物词还有：水坝、海岸、轮船、帆船、小艇铁甲舰、驱逐舰等。

（4）这个农人，等牛饮过清水，便用一条板架在屋顶，引牛上了屋。[少年 1912 第 2 卷（2）14]

（5）他的态度又冷淡又沉静，入室一看，里面收拾得很齐

整，榻上堆着一条绒毯，旁边有苹果橘子等散乱。[小说画报 1917（08）22]

（6）庐啊么便轻轻把门拨开，掏出火扇，四面一照，见东墙下堆着十几个包里，柜上放着一条狗皮褥子。[京话日报 1904.11.8-3]

（7）希仙到洋布店里，卖了一条包袱，将自己身上穿的小棉袄脱下包好，提在手里，身上单着件棉袍子，去上轮船。[绣像小说 1904（23）02]

（8）我对他一看，两个半颗颅头，上是戴了两半只长翅元色纱帽，身上是穿了一件绿色金花的袍，血迹是淌得满身，肚肠呢是淋淋挂挂，幸亏有一条玉带把他两半片身体里牢的，不然是要倒下来的。[白话（东京）1904（04）04]

（9）老先生一面替洋人整襟正领，一面右手掏出面四寸大小的镜子给洋人自照，左手拿出一条雪白的手巾替洋人拍灰尘。[小说画报 1917（04）45]

以上诸例，除例（4）计量"木板"外，例（5）—例（9）中的"绒毯""褥子""包袱""玉带""手巾"均是各式各样的"丝织品"，这类用法也是"条"做线状量词的主要搭配对象。

（10）乐天抬眼瞧时，却见他老子正坐在一家后门的檐下，低着头儿，把那钞票一条条的撕着。[小说画报 1917（05）19]

（11）讨饭的周花子，本是江北人，在汉口讨饭多年，忽

在火车站上，拾了一条彩票，开彩以后，中了第七彩，得洋银四十元。[京话日 1906.01.16-4]

（12）韵高从桌上乱纸堆中，抽出一个折稿子递给直蜇，直蜇一眼就见上面贴着一条红签儿，写着事由。[小说林 1907（2）39]

（13）房里的陈设也没别的惊人的地方，不过壁上悬着一幅假倪云林画的小中堂，两条伊墨卿的隶书对子。[小说画报 1917（8）161]

（14）士表仔细看时，只见门上大大的贴着一张白纸，上写着谈道处三字，旁边返有一条狭的黄蜡笺，上写着英文学社。[江苏（东京）1904（8）133]

例（10）—例（14）中，"条"分别与长条状的"钞票""彩票""红签儿""对子""笺"等"纸质"类名词搭配，充分体现了"条"的语义特征。

（15）在蜡烛管的右边，用一个瓶，盛满了水，瓶口用玻璃塞塞住，这塞子里，也有玻璃曲管，通外头的，用一条象皮圈，两头把曲管的头，都套住束紧了。[中国官音白话报 1898（24）02]

（16）这蝇泊在湖面上，那湖水都变黑了，有时飞起来，从湖面上一直飞上去，成了一条的柱形，直插空中。[少年 1914 第 4 卷（01）01]

（17）当年的连珠枪，哈乞开斯枪，现在为着他式子老了，

另外造一种新的，弯弯曲曲一条柄，柄里头可以搁五粒子，一撒，五粒子就出来了。[绣像小说 1903（11）26]

（18）充你新闻访事的心愿，不过又因为那条竹杠未曾敲得着，故意弄点手眼来蹭蹭蹭蹭人。[竞业旬报 1908（32）12]

（19）毓忠只得跟他胡乱走出，到了外边，瑞华用手向囊中一探，取出一条银掷给掌柜人。[申报 1916.10.12-14]

例（15）—例（19）中，名词"象皮圈""柱形""柄""竹杠""银（条）"一般搭配的量词为"根"，但这里却用"条"来计量，可能是白话报刊作者个人的使用习惯使然，也可能是为了避免语言的僵化而有意为之，达到明显的语用效果。

（20）现在润甫到来，便自欢欢喜喜的在前引导，走过一个天井，上过一条扶梯，下人抢步上前，将那对面的房门，用力一推，已经大开的了。[绣像小说 1906（70）02]

（21）文飞往常问燕青要银钱开销家用时，燕青总是往书桌右边的个抽屉取的，开抽屉的钥匙就是在这一串里，只认不得是哪一条。[小说画报 1918（16）28]

（22）到了埃及地方，拿破仑先派一个将官，拿了一条令箭，在埃及大张晓谕。[绣像小说 1903（01）03]

上三例中的"扶梯""钥匙"常用量词为"把"，"令箭"则常与"支"组配，这里均被"条"所替代。因为"条"与"支""根"都有"线状"的语义特征，这和语言表达者所侧重的名词特征不同有关，因此可以换用。

2. 计量动、植物

（23）他向村户人家，雇了一条小驴，将马也打发回去了。[绣像小说 1903（14）01]

（24）我们这村，几乎没得一个人不读书识字，都懂得道理，不要说一条牛能值几何，便千金万银的放在路口，也没人拾取的。[绣像小说 1905（50）05]

（25）这位孙先生，是养蚕的名家，我佩服他养的蚕，没一条不做成极好的茧子。[绣像小说 1905（46）03]

（26）这张纸预先要秤一秤，有多少重便把笔记在纸角旁边，然后用鸭毛一条，轻轻把那蚁毛扫在纸面当中那一圈内。[中国白话报 1903（01）39]

（27）巴士他早拣了一条枯枝，正猛地燃着的，望着那野兽聚处，竭力投去。[新民丛报 1902（14）80]

一般情况下，上5例中的"驴""牛""蚕""鸭毛""枯枝"等均有其常搭配量词，这种特殊用法的出现，频次并不多，多半为临时用法。

3. 计量土地、道路、湖泊等

（28）问：岬是怎么讲的？答：是一条陆地，突然伸出海洋，如同人脚一般，所以又叫做土股。[杭州白话报 1901（02）04]

（29）门口有块匾，叫同庆园，进得门去，一条土地，七高八低，走起路来，要着实留心。[绣像小说 1903（13）03]

（30）外藩又有西北两藩的分别，北藩就是蒙古，中间有一条大沙漠。[大公报 1912.11.05-09]

上 3 例中，"陆地""土地""沙漠"等名词在现代汉语中是没有量词与其组配的，但是在清末民初的白话报刊中，个体量词中的线状量词却能计量表种属概念的集体名词，这与当时语言发展的不稳定性有关。

（31）这河上新造了一座铁桥，长七千二百英尺，宽一百八十英尺，桥上有火轮车路两条，电汽车路两条，马车路两条，自行车路一条，步行的路一条，共费八百万金元。[京话日报 1904.8.28-3]

（32）俄国现在向我们政府里，再三的要在北京地方建造铁路，政府竟允许了他们，这一条路，便在前门外中国车站的地方造起呢。[杭州白话报 1902 第 2 卷（09）01]

（33）甲蛙起来，见此池逼近大路，路上东一条西一条的车轨，池上围着高大的杨柳，看了一回，便同乙蛙，商量进止。[少年 1912 第 2 卷（02）05]

（34）蠡亭此时还不知仲芬的生死，心里仿佛倒翻了五味瓶，酸甜苦辣都有，正想赶过去看个仔细，不想这条桥忽地摇动，桥面上木板忽的变成一条接一条的铁索，滑不留足把个蠡

亭从桥上掀落河中。[小说画报 1917（9）118]

例（31）—例（34）中，"条"计量"火轮车路〔8〕""电汽车路""马车路""自行车路""铁路"，一直延续至现代汉语，无变化。

（35）众人商量，先觅一个栖身地方，暂时住下，再作道理，于是沿着滨边，向南进发，行了十二迈许，便见有一条川口。[新民丛报 1904（临时增刊）826]

（36）典墨尔兰说："百利亚斯老有一条湖，十分宽大，况且离此甚近，不过二十余里。"[绣像小说 1904（30）03]

（37）这外祖母和外孙女二人，虽则住在一处，却像中间有条大洋，把他们隔绝的一般。[小说时报 1911（13）11]

上3例中，"条"计量"川口""湖""大洋"等，现汉中前二者可用"个"计量，"大洋"则只说"四大洋"，但不用"条"称量。

4. 计量人及其周边

（38）两人就分头去赌，谁知从这一天起，连日不利，不到三天，把赢来的连本带利都输了，输的火发，连穿在身上的衣裳，都剥下来去赌，只剩得赤条条的两条光棍。[新小说 1905

---

〔8〕即火车，这是词汇的"羡余"现象。汉语中，当新词汇出现时，为了让人们从词汇的字面意思更全面地了解事物，因此会尽可能多地呈现词汇所包含的语素义，比如"火轮车"就是利用燃烧煤炭产生蒸汽作为动力，进而推动机轮向前行驶的车辆。

（58）09]

（39）他那房子初建时，也花上了三百多块，现在拿了这四五十块要重建起来，是万万不敷的了，好在自己只有一条单身，便在相识人家，每月出六角钱，租了个灶间住下。[小说画报 1918（18）99]

现代汉语中，计量"光棍""单身"等均已被"个"替代，且只说"一个光棍""一条单身汉"，后者必须补出中心语"汉"的语义范畴。

（40）那班维新豪杰，开国元勋，从前多是读书的，行医的，经商的，无业的，无权无力，困苦流离，所倚赖的，全是一条爱国的热肠，满腔忧时的血泪。[杭州白话报 1902 第 2 卷（1）1]

（41）人的脑筋都不止一条，用了这条，就要换那条，用了那条，又要换这条，专用一条，那脑力便容易疲倦。[安徽俗话报 1904（02）19]

（42）小桐提着他那条卖估衣的嗓子说道："他倒说干净话儿，我提着雀笼，也在边儿上走，这老亡八一晃一晃的碰到我身上来，把我雀笼碰在地下。"[绣像小说 1904（30）02]

（43）那王老太太，一会儿又伸出那两条瘦骨如柴的臂儿来，向空中抱着，仿佛是抱着儿子似的。[小说画报 1917（07）49]

（44）无论我是怎样的为难，我可不敢认那罚苦力，好留着这条门面，这才现找我们街坊，借了两块洋钱，交给洋兵手里，才把我放了，你想，我这条辫子，倒是拿钱买了来的不是呢？[敝帚千金 1906（17）05]

（45）中间一位面如冠玉，唇若丹砂，黑鬒齐齐的贴到耳际，微微分着一条发缝，两道浓眉，似蹙非蹙。[大共和日报 1915（5）28]

（46）话说众人看时，只见那人脑后垂着一条发辫，满脸须根，两爿厚唇之内露出一行黄齿，鼻管里满装着鼻烟，两条黄涕不时要溜了出来。[小说画报 1918（14）165]

（47）想一想一家人都没有了，就剩了自己，没有一个不是号啕痛哭，喊爹叫妈的，哭丈夫的，疼儿子的，一条哭声，五百多里路长，你老看惨不惨呢？[绣像小说 1904（18）01]

例（40）和例（41）中"条"计量的"热肠""脑筋"均为抽象名词，现代汉语中已没有这类用法；例（42）—例（47）中的"嗓子""哭声""臂儿""辫子""发缝"，除了前二者虽然为具体名词，但却是不可视物，"哭声"即来自"嗓子"的发音，二者是转喻关系。

转喻又叫借代，"是相接近或相关联的不同认知域中，一个突显事物替代另一事物，如部分与整体、容器与其功能或内容之间的替代关系"[9]。直白地讲，就是利用事物之间具有相关性的典型特征表达概念。

5.计量文字信息类事物

（48）列位，您看了这一条故事，就知道遇见犯事的机会，该当早早的躲避。[公教白话报 1914 第 2 卷（16）253]

（49）听说有中俄胡匪二十多人，遇见了客人们，或令华人向客谈天话地，或令俄人装作种种游戏，一不留神，那行李衣箱，可就无踪无影的去了，也不知道坑害多少人，众位有上哈尔滨的，千万不要忘了这条白话报哇！[吉林白话报 1907（16）08]

（50）今年山西院试，策论题有"问西方文艺复兴，与路德新教最有关系，能言其故与？"一条。[新小说 1902（26）01]

（51）到后来他们功德大，准许进天堂永福门，那知道犯了一条罪，得罪了天主大真神。[公教白话报 1914 第 2 卷（10）159]

（52）近来小学教科书里头，不是都有"黄李联床"一条，讲他们两人的交谊，拿来教那小孩子待朋友的榜样吗？[新小说 1902（36）49]

（53）现在政府，寄电给程达两将军，要把周冕跟俄人订的

---

〔9〕赵艳芳.认知语言学概论 [M].上海：上海外语教育出版社，2001：116.

私约，调查清楚，内中丧失主权的地方，那条重，那条轻（既称丧失主权，没有轻重）按着条款研究（研究出轻条款来，大约要送礼）。[京话日报 1906.08.07-3]

例（48）—例（53）中，与"条"搭配的名词"故事""白话报""策论题""罪""条例""私约"等，都是以字符串的形式附着在纸质载体文献上的文字，这是事物之间的相关性引发的转喻现象。

张敏（2006）认为："'条'能计量抽象名词，也是意象转换起了作用。因为当用口语传达信息时，新闻、建议、广告等被感知为一条线性的语流串，用书面语传递时则表现为文字链，而由于纸张篇幅的限制，文字链常常需要另起行的，这就体现了可弯曲的特性。"[10] 转喻理论上面我们已做过介绍。理论上，我们不说"一条白话报"，而说"一条新闻"。但是清末民初白话报刊中出现了用例，说明白话报人已经深刻认识到相关事物之间的特点，并将其与量词的使用联系起来。

【根】

《说文·木部》："木株也。"本义是植物的根部，引申为量词，用于称量植物。一般情况下，由于植物的外形以"线条"型为主，因此我们将"根"纳入线状量词的考察范围。在魏晋

---

[10] 张敏. 名量词"道"与"条"的辨析 [J]. 湖北教育学院学报，2006（07）:37-38+99.

南北朝时期，量词"根"的称量范围局限于有生命力的事物，到了清末民初时期，其称量范围大大扩大，使用频率也大大增加了。

据统计，清末民初白话报刊中，量词"根"共出现397次。

1. 称量长条圆形植物及其茎秆

（1）这种树长起来很慢，干粗而高，拿这种树造房子，造起来极容易，只要现在地下画一道痕，或方或圆，把那些树一根一根的沿着那道痕，约摸相离一二寸，挨排着插起来。[绣像小说1906（67）109]

（2）我们既到了那里，我便折了一根大树枝，当了掘土的器具，密乌兰尔也寻着一根枯树枝，在旁相助。[申报1912.04.28-03]

（3）男爵夫人见他女儿涨红了脸，拿着一块糖尽力的让给一朵玫瑰花吃去，因为偶不留神，拼伤了玫瑰一根花茎，特意将白糖与他赔不是的。[小说时报1911（11）42]

（4）我们违背了合同，十年减净的话，将成了画饼，洋药就要陆续进来，一说到了那时，就使我们全国里不种一根烟苗，那土药出的愈少。[山东国文报1908（44）88]

例（1）—例（4）中，"根"分别称量"树""树枝""花茎""烟苗"。我们发现，例（1）中的树并非普遍意义上的"树"，而是"树苗"，与例（4）相同，强调其体型较小，没有枝杈或枝杈较少；如果是较为粗大的树，则应为"颗"计量。

2. 称量长条圆形的身体器官及其部位

（5）这天主见他只一人那，孤苦零丁没有伴，因此又发了慈爱心，遂叫那亚当睡了觉，把他的肋骨抽一根，造了个女的叫夏娃。[公教白话报 1914 第 2 卷（15）239]

（6）项安阁听了，只急得满面通红，满头大汗，那脖子上的筋，都一根根的扛起来。[申报 1909.04.26-26]

（7）他就是把他的女儿，情愿意嫁给光棍子一根的都使得，那有婆婆的主见，他算是不爱给定了。[敝帚千金 1906（21）26]

（8）阿大去了半个钟头，这才回来，买了一根猪舌，一条猪尾，一大瓶老酒，还有一个纸包，便是巴豆。[小说画报 1917（05）69]

（9）他当作怀中玩物，却是不长不短不高不矮的一头松毛犬，满身通黄色，祇后腿和领项上带着几处棕色的班块，虽是一身长毛，却并不是和狮子狗般团卷，乃是毵毵下垂的，他的尾巴整整一根，没有给人家截断过。[小说画报 1917（06）48-49]

（10）东方朔读罢，两根老胡子气得跷了起来，诸神也都面面相觑，一言不发。[申报 1912.11.28-10]

例（5）和例（6）的称量用法较为常见；例（7）计量"光

棍",为隐喻用法,表"人";黄宁(2009)认为:"从计量带根的植物发展到计量细长的物体。'细长',其原型是比较明晰的,但边缘范畴就模糊了,所以有时它可以与某些条形物体搭配,与'条'的用法产生了重叠和交叉。"[11]例(8)—例(10)分别计量"猪舌""尾巴""胡子",显然语境中这三者都具有"长且硬"的语义特征。

3.称量长条圆形的器物

(11)萧鲁在各处找了一遍,总找不出一根自来火来,就在烹茶的炉子里取了一块红炭,用口一吹。把灯弄着了。[新民丛报1902(22)96]

(12)古语说:"众擎易举,独立难成。";俗语也说:"一根铁能打多少钉。"这全是劝人合群的良言。[大公报1912.01.14-06]

(13)一个小竹筒子里头,拿细铁丝盘绕好几个圈儿,像螺蛳似的,结结实实的堵死一头,再用一根小笔管,有二寸多长,安着一个狠尖狠快的小箭头儿,就把这根箭装在那竹筒子里头。[敝帚千金1906(15)40]

(14)两位朋友,再支持一分钟,吾们俩来搭救你们了,于是放下一根桨来,把吾们两人救起。[小说时报1914(22)07]

---

〔11〕黄宁.浅论汉语个体量词搭配的模糊性——以"条"和"根"为例[J].语文学刊,2009(02):89+98.

（15）中国的官，也不是生意人所能做的，博一个顶戴荣身罢了，因而求教于一位中国官友，向他买一个红顶子，顶子后面拖一根花翎。[小说画报 1917（08）89]

（16）凤美送敏达去后，独自一个人对着那火炉烤火，手里拿着一根铁枝，拨着炉灰，在那里出神。[新小说 1904（73）08]

（17）不要说杰阁三层，文窗百面，二片华焕的光彩，耀得人眼花，就看那几百根鬼斧神工的圆柱，那一根不是滤月镌云，攒金簇翠，做得过后来雕刻师的模范呢。[小说林 1907（11）1]

（18）继之忙在他手里拿过那根筹来一看，我也在旁边看了一眼，原来上面刻着"二吾犹不足"一句。[新小说 1904（97）08]

（19）庙前几根若断若接的栏栅，门上的门神，和那块扁额，雨打风吹，班班剥剥，早已辨认不清。[小说林 1907（11）75]

（20）赛王婆一面骂个不了，一面找到一根毛竹片，要亲自去打这不中抬举的贱货。[绣像小说 1903（07）03]

（21）亚楼也在床上惊醒，飞身踮起，抢了床里一根铁尺，口中高叫刺客慢走，便奋步奔上前来。[扬子江小说报 1909（04）40]

例（11）—例（21）中，"根"计量的"自来火""铁""箭""桨""花翎""铁枝""圆柱""筹""栅栏""竹片""铁尺"等名词都是实心物，无论是木质的还是铁制的，这也说明了"材质"的差异并非"根"的区别特征，而是必须兼具"长且硬"的语义要素。

（22）两位请静着，别胡闹了，这窨门是钢的，你们的手枪，怎能济事呢？说着从怀里掏出一根皮管，凑在窨门的小孔里。[小说时报 1913（18）25]

（23）手内拿着一根透水祖母绿，二尺六寸长的旱烟杆，金烟袋头上插一枝上上雪茄烟。[竞业旬报 1908（33）28]

（24）众位见过前清时候的军人吗？为鸦片所害，身瘦力薄，简直一根枪也拿他不起，还说什么打仗。[吉林通俗教育讲演稿 1917（12）32]

（25）在那兵士的前面，有一大队横七竖八的人，也有拿着小手枪的，也有拿着鸟枪的，也有没有军器，手里拿着一根扁担一根棍子的。[申报 1909.01.05-26]

（26）第二桩是他续了一根大弦，俗语说三年不死老婆，真是晦气，这句说话，真是为他说的。[申报 1909.04.07-12]

例（22）—例（26）中的名词"皮管""烟杆""枪"均为"空心"物，而这也正是其功能部件。除"皮管"在现代汉语中还和"根"组合外，"烟杆"和"枪"的这一用法已消失。一方面是由于"烟杆"实体物的消亡，因此相关用法也随之隐匿；另一方面是，计量"皮管"可用"条""截"等，称量"枪"活跃着"杆""支""把"等量词，其可替代性较强。

【带】

《说文·巾部》："绅也。男子鞶带，女子带丝。"用以约束衣服的狭长而扁平形状的物品，古代多用皮革或丝织物制成。后来可以指长条形状的事物，是唐代新兴的量词。

据统计，清末民初时期的白话报刊中，量词"带"共出现1007次，其主要用法为"地名＋一带"，共出现866次，占比高达92.65%。例如：

（1）福州东门外，有一带空旷的地方，可以做个大牧场。[北直农话报1905（4）26]

（2）那茶店叫做一枝春茶楼，下面是一带烧饼炉，烧饼炉的旁边，排列着几十张桌子。[绣像小说1904（40）01]

（3）街旁有一个小弄，进了弄，走不到几步，便有一带板墙……过了空庭，又有一带短篱。[新新小说1907第3卷第10期1]

（4）这地方碧草如毡，沿着一带池塘，只见今天来会的动物，续续而来。[小说时报1911第12期09]

例（1）—例（4）中，"带"分别计量"地方""烧饼炉""板墙""池塘"，都表示在某个平面上呈带状绵延的事物。

（5）四人一同观看，东方地平线上有一带陆影，大约五六迈长。[新民丛报1902（03）89]

（6）天气清明时候，到了夜半，我们向空中一望，见有一带白，光和水相似，俗叫天河。[杭州白话报1902（30）27]

上两例为"带"称量物质名词投射的线状实体"陆影""白光"，比"一线陆影""一线白光"覆盖的面积要大，可用"片"代替。现代汉语中，可与二者搭配的量词还有"丝""缕"等。

【道】

《说文·辵部》："道，所行道也。"本义是道路，引申为量词。魏晋南北朝时期已有相关量词用法，后世因之，直至清末民初时期，其计量对象较之前代和现代汉语均有所扩大。我们认为，这一时期已经成为汉语量词"道"历史上用法最鼎盛的阶段。

据统计，在清末民初50种白话报刊中，共出现826次。例如：

1. 计量具有线状特征的物体

（1）中国占亚东面积四千二百七十八万方里，南北长五千四百里，东西宽八千八百里，东枕高丽，接东海南海，北连西比利亚，西达西域阿弗汗，南通印度暹罗安南，沐寒热温三带天气，踞希玛拉、天山、阿尔太、昆仑四道山脉。[大公报1910.03.24-06]

（2）艾迪生只得推开这二十五号的一道短铁门进去，门内细草如茵，依然嫩绿可人。[小说时报 1916（27）27]

（3）那茉莉的屋子，虽算不得高堂大厦，却也很是精致，迎面有矮矮一道短篱，篱上满盘着紫藤花，互相交纽。[申报 1915.11.15-14]

（4）由城里调到城外，就仿佛华工到了外洋，情景正差不多，隔着一道城墙，还分出这些界限，全国的团体，怎能结得成功呀！[京话日报 1906.05.05-4]

例（1）—例（4）中，"道"分别与"山脉""铁门""短篱""城墙"等名词组合，表示在垂直平面上的自然或人工阻碍物，具有关卡性质；而例（5）中的"关卡"却为抽象名词，表"困难"，为量词"道"称量对象泛化的结果。如：

（5）陈观察道："这道关卡，可以算得遍中国第一个顶难过的关了，无论你什么人的东西，他总要挑剔留难他。"[小说画报 1917（02）128]

清末民初时期，"道"与"条"等线状量词一样，与其组配的事物不断增多，范围不断延伸至范畴边缘的其他类对象。

（6）这船舱除了出气的窟窿以外，没有别的透亮的地方，铁栅栏外头，摆着一道木槽。[敝帚千金 1906（17）11]

（7）一人手臂上，赘着个大锡炉，约摸有十多斤重，虽然木杆上，加了两道绳子扎牢，臂湾尚是直坠下来，那人涕泪交

流，不堪痛苦。[绣像小说 1905（55）01]

（8）日本陆军，冬季军衣、裤子上全是一道纽缝，约计八分多宽。[京话日报 1906.06.21-2]

例（6）—例（8）中，量词"道"均可替换为"条"，量词替换前后完全不影响我们对句意的理解。其中，"木槽"是为了凸显其"槽"的"导引"作用，因此"道"最符合；"约计八分多宽"的"纽缝"，如果用量词"条"，可能就没法凸显"纽缝"的"精确度"；同理，"两道绳子"强调的是"加在正确的位置的能起到相应作用的绳子"，是"有一般性规则的"，并非普通的不起任何功能的"视野范围内地上仅有的两条绳子"，因此，用"道"更合适。

"道"在清末民初时期的词素层面的意义中，就包含［＋规则］的义素成分，例如：

（9）问：寒道热道当中那两道叫什么？答：叫做南温道北温道。问：天气怎样？答：不很冷也不很热。[官话注音字母报 1917（19）17]

清末民初时期，汉语中只有"南温道"和"北温道"，因为晚清民国时期，随着国外科学技术及其术语的引进，其精确的逻辑化、数字化对人们的汉语造词造成深刻的影响，因此人们最初造词时为"北温道""南温道"。发展到现代汉语中，仅存"南温带"和"北温带"，这与人们认识的提升有关，随着全球气候的变化，各气候带之间的界限不再完全明晰，因此，前者退出汉语的词汇历史。从这一层面来看，"道"就是"带"，二者在清末民初的汉语中是近义词。只不过"带"的词义界限比较模糊，而"道"的"规范性"更强。

（10）今天早晨，可巧来了一个箍筲的，我把他唤进院里看看水桶，叫他打上两道箍。[大公报1915.11.26-7]

（11）苏省为缉捕内河匪类起见，特造浅水兵轮十二艘，现已造成八艘，分为左右两翼，左翼四艘，都于烟囱上用黄箍一道，右翼四艘，都于烟囱上用红箍一道，以示区别。[河南白话科学报1908（11）1]

（12）南美洲更有一种奇怪的小动物，名为三色犰狳，音求余（如第四图）自古至今，常穿一身老式的盔甲，连头尾也里紧了，腰间还有三道生成的玉带。[少年1912第2卷（06）06]

（13）有两个人，在一处说话，内中有一个穿蓝色操衣的，袖口儿上，镶着两道深黄，还有一个圆形的篆字，操裤也是两道深黄，足登绒靴，可没戴操帽，看样儿很透文明。[京话日报1906.09.11-4]

（14）阿尔挺达山脉，是昆仑北行的一干，曲曲折折，由西边到东边，作一道斜线的样子，从中国经线西四十一度起，到东二十度止，从北纬线，三十五度起，到五十三度止。[中国白话报1904（18）15]

例（10）—例（13）中的"道"分别计量"箍""黄箍""玉带""深黄"，前者为"铁箍"，质地较硬；后几例均为毛线类的"条巾"物。这也说明"道"的语义特征中，名物词的质地并非是其区别意义。例（14）中的"斜线"为抽象名词，同"条"，但却必须是上文提到的具有规范性的"直线"，不能是"弯弯曲曲的一条线"。

（15）有一位留学日本的朋友，掀帘而入，含着一双泪眼，绉着两道愁眉，呜呜唈唈的说道："锋郎呀！你深居内地，不出户庭，还没瞧着外人待我们中国人的情形呢！"[杭州白话报1902第2卷（16）01]

（16）这年幼女子还微露着笑容，樱口内流出一丝血痕，粉颈上有一道三寸来长，五分来宽的刀伤，因为血迹，模糊也看不清是深是浅。[通俗周报1917（06）12-13]

（17）仲芬的头，本藏在里床的，这时不觉掉转来，偷偷看那少女眼皮上起两道红印，眼泪似线似珠般挂到两颊。[小说画报1917（10）168-169]

上3例中，"愁眉""血痕""红印"均为人体附着物，这与"道"的［＋痕迹］义素不谋而合。因此，从"物"到"物"，"道"的计量对象在逐步地向外寻求，其原本范畴内的成员也迅速增加。

在我们搜集到的语料中，"道"还可以计量"长条形的具有通路作用"的建筑或物件。例如：

（18）此门通一道秘密楼梯，这后房眼看着不可再留，只好有路就走，男女们三步并作一步，都从楼梯上抢路逃生。[小说时报 1911（11）22]

（19）那镜子毫无声息，退后几尺，下边露出一道阶级，黑洞洞深不见底，柏利德披着挨周的手，一步步走下阶级，又回身把镜子推上了。[申报 1915.06.28-14]

（20）他经过个拱门，是一道光油油的滑石，铺在街上，路人一不小心，便滑的失足。[小说林 1907（03）29]

（21）园中亭台殿阁上点着万星灯火，院外堆着雪山，山下浮着冰岛，岛上楼阁鳞比，便是葛林兰王宫，宫外一道飞桥，跨到岸上来，那道飞桥看不出是什么东西筑的，白腾腾像一道云光。[东方杂志 1915（12）4]

（22）丫头果然引他从花园穿过了一道廊，走至偏僻无人的地方。[申报 1916.04.17-14]

（23）苏州乡下，有一村庄，近数年来，有了一道铁路（即沪宁铁路），总算替这村庄，添了一点新气象。[少年 1913 第 3卷（03）8]

例（18）—例（23）中的"楼梯""阶级""滑石""廊""铁路"等名词，依然是在"道"本义"路"的范畴内。

下面几例则表示线状流动的物体，例如：水（大洋）、溪、鲜血。

（24）这非洲和欧洲，本来是遮隔一道水。[敝帚千金 1906（10）27]

（25）赫尔斯通第四周有花园，古林参差，足供游眺，距屋约二百码，小路旁，有溪一道，水声潺湲。[绣像小说 1903（09）05]

（26）拜耕被惠连这一撞，把鼻尖撞破两道鲜血，竟从鼻管中溜将出来。[小说画报 1919（21）167]

清末民初时期的"道"还可以计量线状的发光物，例如：灯光、目光、秋波等。

（27）滕达借着坐下汽车的两道探险灯光，认出逃走的那辆汽车，便是滕肯公司里承造的。[申报 1915.12.23-14]

（28）挨周且走且唱，到餐堂里面，用两道精锐的目光，的溜溜向四下里一转，像防人家窥视是的。[申报 1915.06.09-14]

（29）自从我看见那女郎之后，总觉得他那两道秋波，含有畏惧的意思。[大公报 1917.08.27-09]

类似的名词还有：火星（儿）、电光、火光、光彩、光华等。其中，后两者为抽象名词。

线状漂浮物也是"道"的组配对象之一，表示"痕迹"。例如：

（30）此外别有一种彗星，怎叫彗星呢，这彗字当作扫帚

讲，因为这种星有一道白气，远看仿佛似一把扫帚，故此叫彗星。[大公报 1904.12.21-02]

（31）一日在黄浦滩上，眺望江景，只见浓烟一道，人说是汉口的轮船下来了。[绣像小说 1904（40）02]

（32）刘进刚要往前走，就见前边儿有一道黑影子，一直的就奔了他们两个人来啦。[星期小说 1911（63）6-7]

上 3 例中的"白气""浓烟""影子"等，均为飘浮物质，类似的名词再如：彩虹、黑气、泡沫等。

"道"计量"声音""讯号"类用例较少，如下：

（33）三人各执鞭，作骑马状，全上行完台自立，唱一道樵歌和牧唱。[新小说 1903（136）09]

（34）这位洪老先生，总是低头不语，闹得范文程没了法，只可又变了一道口话说道："将军不愿归降，固是正理，然而也得看看时势，比如大明天下，果然丢了，你就一死报国，岂非是个慷慨丈夫呢？"[星期小说 1911（70）37]

2. 计量具有规制的事物

（35）太常寺乡袁爽秋，名昶，上了几个奏折，力请朝廷剿匪，被那些奸臣端王刚毅等，假造了一道圣旨，说他任意妄言，便绑到菜市口法场上去斩决了。[杭州白话报 1902 第 2 卷（4）1]

（36）今皇的祖父（名威廉第一），常要废去立宪制度，未成而崩，因写下一道遗嘱，叫子孙成他的遗志。[少年 1913 第 3

卷（03）22]

（37）我近来病后，身体不曾复元，精神总是恍惚，恐怕误会了意，没有敢批出去，鲍师爷此时暗想，六千银子，生米已经成了熟饭，若是袖手不理，又无从呕出来还他，我虽然向来不受请托，此次不免从权做一道吧。[新小说1905（134）02]

（38）孔制台不敢停留，即日料理交卸动身，因想起省中各官，都是受过贵兴贿赂的，交了出去，恐怕他又去弄手脚，因加了一道札子。[新小说1905（174）05]

（39）国家倘有大事，来往的私电，就得暂行停止，或是停止一道，或是停止几道，临时再行斟酌。[绣像小说1904（17）40]

（40）流光飞鸟，转瞬已入冬初，一天晚上，兵马司里忽发出一道朱签，几十个番役，直闯到华家酒楼来，把华老儿一窠风似的绑了去。[小说画报1917（03）27]

（41）法国的首相，很有见解，日俄的战事，他更留心，出了四道条款，交给议院里的议员。[京话日报1905.08.07-4]

（42）太子登基，有天召见群臣，正待退朝，忽然午门外来了个外国使臣，赍了无数珍奇宝物，一道表章，呈上御案。[绣像小说1904（19）02]

（43）唐朝的司戎官（就同现在北京的兵部一样），下了十三道兵符，催那些当兵的人，赶快前去。[安徽俗话报1904

（06）20]

（44）众人见题目下来，头一道是很容易的，把些腐烂八股的套子，堆砌成篇。[法政浅说报 1911（23）41]

以上诸例，都是"道"进一步扩大组配名物的结果，时间上比较靠后。其中，"奏折""遗嘱""批示""札子""电报""朱签""条款""表章""兵符""题目"等名词均属"书面"类。

孟繁杰（2015）认为："'道'称量'文字材料'大多与'官方文书'有关。"[12] 显然，清末民初时期的"道"主动吸收新鲜事物，已从前代的"圣旨""兵符""札子"等旧事物，扩展到"私电"，也就是"电报"等新事物上。

量词"道"称量"职业、技能"类，在白话报中也较为常见，例如：

（45）那莽亭长唱大风一套，便做了汉家天子压群豪，更有那小秦王下残棋几道，便做了唐家天子拥神尧。[中国白话报 1903（02）62]

（46）瑞福道："你知道我于音乐一道，是个门外汉，现在才在这里议论，在史太太府上开大曲艺的事情呢！"[新小说 1905（37）03]

---

〔12〕孟繁杰，李焱.量词"道"的历时演变考察[J].宁夏大学学报（人文社会科学版），2015，37（02）:13-19.

（47）从前我们中国人，在世界上本是最有学问的人种，而且比别国开得更早，不晓得甚么时候，把学问两个字，偏重到文章诗赋一道上去。[苏州白话报1901（03）3-4]

（48）据我看，中医当采西医的长处，以补中医之不足，若是竟自护其短，不知用心整顿，恐怕我们中国医学一道，不久就要绝了。[大公报1903.03.09-03]

（49）他还守着老太爷的遗言，后来想我既无意做官经商一道，终不成一辈子做了守财奴。[小说画报1917（06）05]

例（45）—例（49）中的"棋""音乐""文章诗赋""医学""做官经商"等事物，都有一定的"规则性"或"规律性"。另外值得注意的是，计量此类名词时，均为"名物＋数＋量"式。我们推测，这可能是古代汉语的留存，类似格式的量词构式在清末民初时期数量较少，例如种类量词的"项"也是如此。

（50）船上的服侍人，献上一道乌龙茶，又是八碟糖食。[绣像小说1904（28）1]

（51）弗伦竟看得出了神去，目不转睛的，呆呆的看着他，直至上了第一道牛尾汤。[申报1907.11.03-18]

（52）吴隐公说着，又指挥着上菜，这一道却是在仿着京馆里弄的糟溜鱼片，大家似风卷残云的吃了。[小说画报1917（1）66]

上 3 例中,"乌龙茶""牛尾汤""菜"均为"餐饮"类名词,强调其制作过程就像闯关似的,一道一道地完成,这是名词之间的隐喻用法。

3. 计量行政区划

(53)松花江两岸,一片平地,可以耕种,可以畜牧,全省分四道三十八县。[吉林通俗教育讲演稿 1916(06)63]

(54)贵妃看中了一个胡人安禄山,时常瞒着明皇,干些鬼鬼祟祟的勾当,还在明皇面前,说禄山的好话,明皇便信了,把安禄山做了三道的节度使,和现在的总督差不多大。[安徽俗话报 1905(20)01]

到现代汉语中,这类用法已经消失,成为量词"道"的消亡用法,仅仅留存在相关的典籍文书中,在清末民初的白话报刊中仍有用例,这也说明了语言发展的渐变性特点。

量词"道"也有重叠形式,例如:

(55)他那两个黑如点漆的眸子,却并不注在窗外,只一动不动的注在那老医士的脸儿上,仿佛把那一道道的绉纹,当做外边一池千绉百绉的春水,足供清赏似的。[申报 1916.11.15-18]

(56)照例差役的公食,都是皇上家发的,本来的数目已少,再加一道道的经手,剥削下来,发到县里,更为有限。[绣像小说 1904(16)1]

"道"的动量用法如下：

（57）这一回是初次调查，将来还要复查一道的，各地方的官绅务必要心虚气和，凡事都从商量，又妥当又谨慎的去办。[湖南地方自治白话报 1910（02）03]

（58）邢兴没法，也只好应承，却只拿出来一百六十吊，说衙门里规矩，几道经手，扣了下来，只有这个数。[绣像小说 1905（44）04]

例（57）中的"一道"作"复查"的补助语，例（58）中的"几道"却作动词中心"经手"的状语。因此，清末民初时期量词"道"构成的数量结构的位置相对自由，可前可后。

【株】

《说文·木部》："株，木根也。"本义是露在地面上的树干、树桩或树根，引申为量词，用于称量植物。"株"的量词用法起源于魏晋南北朝时期，后世经过不断的引申，计量范围扩展到几乎所有的植物。

刘世儒（1965）认为："这个量词的用法始终没有超出'植物'这个范围而向外扩展一步。"[13] 发展到清末民初时期，量词"株"指称范围变化不大，白话报刊中共计 183 次。略举几例：

（1）非洲有一种植物，样子仿佛像印度所产的罗勒草是

---

〔13〕刘世儒.魏晋南北朝量词研究 [M].北京：中华书局，1965：97-98.

的，绿叶，青茎，可以供人赏玩，放在屋子里头，蚊群自然逃避，床的周围摆上三四株，就不用蚊帐。[北直农话报 1906（09）17]

（2）今年春间，该县的林大令自己捐了些钱，并劝殷富绅贾捐助，着人到湖州购买桑秧一万三千株，分给各乡栽种。[安徽俗话报 1914（17）3]

（3）近来美洲人很喜欢种人参……每方步的地，可以种八百株，五年后可以成熟，每四支的参，重约一镑，一方步可出二百镑。[中国白话报 1904（21-24 合期）222]

（4）警长及众巡警，共向东沿电线杆下细察，寻至十余株电杆，至竟阿里市东路，片铜线铁未见委地。[竞业旬报 1908（11）42]

（5）想想船上的家具，差不多齐备，不过还少一株桅杆，我就寻上山去，看见有两株顶高顶大的树，他们已经算是高得了不得，却刚刚齐我肩膀，我就随手拔了几株回来。[绣像小说 1903（13）26]

例（1）—例（3）中的"株"分别称量"植物""桑秧""人参"；例（4）和例（5）则计量"电杆"和"桅杆"，则是"株"的创新用法，可能是个别白话报人修辞风格的创新，也可能是方言用法，此类用法较少，待考证。

构词层面，"株"可与名词"桑"结合构成"桑株"，这类情况占比较多；也可以与近义量词组配。例如：

（6）福建现在试办蚕桑，绅士禀请，把新涨出来的滩地种植桑株，听说近日已经批准。[中国官音白话报1898（5、6）06]

（7）我们汉种所遗传的子孙，虽则后来出了几个大英雄大豪杰，把他赶了出去，究竟根株不曾尽绝，常到中国来骚扰。[杭州白话报1903（02）02]

【棵】

《集韵·缓韵》："棵，俎名。"明代文献已见用作量词例，清末民初时期沿用，常用来称量植物等，称量对象无变化。陈亦文（2010）认为："到了清代的《红楼梦》，"棵"才与"株"势均力敌，直至清末完全取代"株"。"[14]我们认同陈的看法。

据统计，白话报刊语料中共出现165次。例如：

（1）每一亩地株间距，就是每棵相隔的远近，一丈行间距离，就是每行相隔的远近，八尺要苗木，就是葡萄秧七十五株。[实业浅说1916（70）1]

（2）成王在胎中，感受了他母亲的正气，就像一棵苗稼刚发芽的时候，就受了很好的雨露培养，自然长出土来不能坏的。[吉林通俗教育讲演稿1916（7）11]

---

〔14〕陈亦文. 名量词"棵"的历史变迁[J]. 汉语史研究集刊，2010（00）:80-98.

（3）京西隆恩寺村，将辛宫寝庙、喇嘛庙、中峰庵、小龙王庙、秀峰寺山等处的殿庙拆毁，盗去木料，并将园寝树株砍伐，一千数百棵。[京话日报 1916.01.28-3]

（4）蓉伯到得旁门口，才止了步，只听鸦雀无声，靠着窗外，一棵碧桃花已开了一半，有几个蜜蜂嗡嗡的闹。[小说画报 1919（19）164]

（5）李安武瞪眼看着，无路可通，包恢宇便做了向导，从一棵银藤架下，穿进了石门。[绣像小说 1904（39）02]

（6）比方我们现在种五十棵果子，不能够下五十棵种，就可以长五十棵树，这是什么缘故呢？[直隶白话报 1905 第 1 卷（08）14]

（7）原来元朝没有陵墓，不论君后妃嫔们，死了用松柏木一棵，锯开两片，挖个人身的槽子，把尸首放在当中。[京话日报 1905.07.12-1]

（8）比方栽一棵树木，根本上已经培植完好，长到三四尺高以后，稍一护持，就挺然而上，成了一个端端正正的好材料。[吉林通俗教育讲演稿 1916（10）13]

例（1）—例（8）中，量词"棵"分别计量"地株""苗稼""树株""碧桃花""银藤""树木"，几乎涵盖所有的植物类。

量词的重叠现象在"棵"中也有体现，可以是"量＋量"式，亦能是"数＋量＋数＋量"式，例如：

（9）人家园里的树上，都结了好果子了，咱们园子的树上，棵棵是干枝，你老若不励精图治，卧薪尝胆，这一败可就没法救了。[大公报 1903.09.24-03]

（10）那堤上柳树，一棵一棵的影子，都已照在地下，一丝一丝的摇动。[绣像小说 1904（16）02]

【支】

《说文·支部》："支，去竹之枝也。从手持半竹。"但是其量词用法，却是来源于河的支流义的引申，所以"支"最早用于称量河流等，始于魏晋南北朝，到了清末民初时期，其称量范围逐渐扩大。

据统计，清末民初白话报刊中，量词"支"共出现335次。

1.计量某些杆状物

清末民初时期，量词"支"有时替代量词"枝""只"的字形，计量原本是"枝""只"称量的名物词，出现了混用。例如：

（1）胡仇分开众人，挤了进去，只见陈尸地上，旁边插了一支木杆，挂了赏格。[新小说 1905（239）03]

（2）他们师徒五众，自己掣签认定，悟空听得这个命令，有什么不欢喜的，连忙起身，先自下手，沙僧等也就各各抽定，唐三藏等他们抽齐，就将筒内抽剩的一支取了起来，一看却是个第一。[申报 1913.06.02-13]

（3）凤氏拔下一支金簪，轻轻的拔去香灰，见那创口足足的有二寸多长，离着小肚子只有二三寸的光景，说时迟。那时快，只见龙梦华牙关一松，哎哟一声，昏沉过去。[绣像小说1905（42）03]

（4）你手握着一支箫，一朵蔷薇，或是一个苹果；我穿着鲜衣，两足着了Amyklai做的新靴。[新青年1918第4卷（02）46]

（5）琼涛正在指挥之际，敌军飞来一支箭，不先不后，中了琼涛颈上，深入五寸，登时翻身落马。[少年1913第2卷（07）08]

（6）蚕具（撒叶用）径口一尺，高一尺二寸，鸭毛二三支，火盆一个，桑称一把，桑箩二个。[四川旬报1915第1卷（17）70]

（7）他趁着百姓愤恨天主教的心思，便带了许多乡人，你一根棍，我一支枪，蜂拥入城，团团把天主教堂围住。[杭州白话报1902第2卷（26）2]

（8）原来是画的一个女子，秃着脑袋，穿一件长衫，下边一双小脚，口里还含着一支洋烟，手上拿着根杖，你看有多们难看哪！[大公报1912.06.27-06]

（9）说书的一张嘴，说不出两番话，做书的一支笔，也写不出两椿事。[杭州白话报1902第2卷（04）08]

（10）那管驾驶的道："触的力太猛了，一支石笋堵住了窟窿，一时不至冒水。"[绣像小说1905（51）03]

例（1）—例（10）中，量词"支"分别计量"木杆""签""金簪""箫""箭""鸭毛""枪""洋烟""笔""石笋"。这些名物词中，既有铁制的，也有木质的；既有实心物，也存在空心物，因此以上这些义素都不是影响"支"进行名量组配的要素，而依然是"外形"。

陈雪蓉（2013）认为："早在魏晋之前'枝'与'支'就存在大量的混用现象。"[15]"支"与"枝"的混用例，清末民初白话报刊中用例较少。如：

（11）学问稍浅一些的，做着家用的手工，偏不愿意，做几个披肩，扎几支纸花，做到指骨断，也不喊冤枉。[白话报1908（02）09]

与"只"的混用例较多，列举如下：

（12）这一支水师兵船，现在还停泊在埃及境内，静等日国的号令。[中国官音白话报1898（9、10）20]

（13）越南人最好吃□[16]，法国人在产地也敢取税，在伤场上又取税，从先一升醴，要买钱三四十支。[京话日报1904.10.01-6]

---

〔15〕陈雪蓉.线状量词"根、支、枝、条"的研究 [D].上海师范大学，2013.
〔16〕"□"表示白话报中字符不清晰，下同

（14）传说董升拿进家内一支箱子后，似埋在坑箱里请为调查。[申报 1914.08.05-06]

（15）这个法子，叫犯人跪在链子上，后边两支脚用砖支起，腿肚子上边压着木杠子。[京话日报 1905.04.10-1]

（16）灯台小屋窗户里，伸出头来，青青垂下细发，好一个娇颜少女，什么眼鼻啊，面颜啊，手足四支啊，骨肉啊，没有一点可以批难的处在，真算是美丽得化神！[绣像小说 1906（71）01]

（17）随着前面那一骑，恰如一支猛虎，后面跟着个小猴，四围的人，一齐笑道："这也来赴会么？快退出！去保命的妙呵！"[扬子江小说报 1909（05）55-56]

显然，"兵船""箱子""脚""猛虎"等名词，在清末民初时期和现代汉语中均应被"只"计量，可见这一时期的量词词形上的混用较为明显，并未定型。

2. 计量事物的分支

这类名物词是量词"支"的主要用法，占比也最大，为71.94%。例如：

（18）黄种有五大支，蒙古人算一支，在亚洲的北方，俄国亦有这种人，中华东洋人算为一支，生在亚洲的东方。[启蒙通俗书 1902（01）01]

（19）现经调查，有玉带胡同索某，指母武门白氏上孝感，

同仁一支，本年阴历八月十三日报事。[京话日报 1917.12.20-3]

（20）他们姊妹们一遇见，便是这样要好，真如同一支所生的亲姊妹一般，真叫我们老姊妹，加上一倍欢喜。[杭州白话报 1903（13）62]

上 3 例中，"支"计量"种族、血脉"的分支，一直延续到现代汉语中来。

量词"支"可以称量"山脉、河流"的分支，略举 2 例：

（21）这南条的山，也分出两条，一条在汉水的南边……一条在江水南边，西江的北边，由岷山（在现在松潘街北边）东南行，一直到湖南的地方，共衡山相接，又从衡山分一支向东行，过了九江的地方，到了彭蠡（就是现在的鄱阳湖）旁边的敷浅原（在现在德化县），这山脉便没有了。[中国白话报 1904（07）19]

（22）一条叫做江水，发源的地方，名字叫做岷山，一直儿向东南流，分出小水一支，名字叫做沱水。[中国白话报 1904（07）21]

量词"支"进一步虚化，计量"流派"的分支，例如：

（23）后来鞑子那边，来了一员贼将，叫做甚么李恒，带了一支鞑兵，探得文丞相在兴国县，便轻骑前来袭击。[新小说 1905（168）13]

（24）现在依我的意思，想开一个大大的中国教育会，却分

为两支，一是中国南部教育会，一是中国北部教育会。[绣像小说 1905（43）05]

还可以计量歌曲、消息等，例子如：

（25）他们南边的老爷们，不欢喜听咱们的北调，咱姐儿们就来唱一个南边曲子罢，又拉起弦子，弹起琵琶，不由分说，就唱出一支十八摸来，你推我摸，做出一番淫声浪态。[绣像小说 1903（10）04]

（26）这骗钱的事业，真是说来齿冷，叫化子卖消息子一支，消息子出了手，保管有一个铜元进门。[小说画报 1917（01）128]

白话报刊中，还存在计量"纱线"和"灯具"的用法，我们推测是方言用法，因为只出现在特定的白话报刊中。如：

（27）最好的是奥兰司棉花，出产在米西西比江沿岸和路易西那的平原，白色或奶酪色织维，最柔软有伸缩力，可以纺成五十支的细纱。[京话日报 1914.03.11-5]

（28）昨令工程处，饬将天安斗门至承运殿门外，御路两旁，每隔五步，安设石座戳灯一支，以备登极日燃点。[京话日报 1916.01.23-3]

例（27）的"细纱"和例（28）的"灯具"，在 1000 万字的语料中只找到两例，因此，极有可能是北京的方言量词用法。

【枝】

《说文·木部》："枝，木别生条也。"本义是枝条，由此引申为量词，用于称量枝条等，用作量词最早见于先秦两汉时期，到了清末民初时期，适用范围扩大，使用频率增加，常用于指带枝丫的花木等。

清末民初白话报刊中，"枝"的频次为 406 次。

1.计量花木、树及其枝条

（1）父母死过依旧穿孝，中国穿孝用白，外国穿孝用黑，依旧上坟不用羹饭纸钱，只到坟上插一枝鲜花，表表子孙的记念，算不得不孝。[杭州白话报 1901（11）02]

（2）这树自以为枝梗极多，何必吝惜，就慨然奉赠了一枝，谁知斧头既得了柄，就把这树砍得干干净净，岂不是上了斧头的大当么？[中国官音白话报 1898（18）11]

（3）寺院之前，果有那三棱形的二枝白杨，巍巍矗立在二边，状若二个巨人，一枝稍低。[小说时报 1914（23）26]

2.计量杆状物，犹"根"

（4）这几种骂法，却不是寻常小百姓可以学得，至少也要头上戴一颗水晶毯，脑后拖一枝青松毛，还要卷起舌头打几句大模大样的京话。[杭州白话报 1903（11）25]

（5）那站在吕祖两旁的人，赶忙扶着一枝乩笔，渐渐的动起来，在沙盘里画成一个一个的大字。[杭州白话报 1901（17）01]

（6）忽见一个汉子，衣衫褴褛，气宇轩昂，站在那里，手中拿着一本册子，册子上插着一枝标，围了多少人在旁边观看。[新小说 1903（159）03]

（7）继之就叫底下人回去取了来，原来是一个小小的象牙筒，里面插着几十枝象牙筹。[新小说 1904（97）08]

（8）拿坡仑就在营里专等捷报，忽然得了打败仗的信息，不免又羞又恼，就立刻发一枝令箭，叫手下的败兵回身，到兰因河去算计奥国。[中国官音白话报 1898（14）11]

（9）闻说现在湖北各营的统领，在包头堤地方汉人庙里，塑了一个像，全身盔甲，手里拿了一枝长戟，腰里挂着一把古剑。[杭州白话报 1902 第 2 卷（04）01]

（10）譬如一枝蜡烛，烧到完，蜡油也烧到干净，看不见了，总以为蜡油是没有的了。[中国官音白话报 1898（24）01]

（11）你穿的衣服奇形怪状，周身不堪，领圈上缚着一条鲜红血的绸巾，附一枝钻石的别针，又是假的。[申报 1915.06.23-14]

（12）他还是懒懒坐着，剔着牙缝儿，可是一件，那枝钢笔却不见了，手里是黄澄澄一枝绞丝的金簪。[小说时报 1922（01）06]

例（4）—例（12）中，量词"枝"分别计量"青松毛""乱笔""标""象牙筹""令箭""长戟""蜡烛""别针""金簪"。

其中，除了"令箭""长戟""别针""金簪"外，都可以与"根"搭配。

这表明清末民初时期，线状量词之间的界限较为模糊，相近量词之间的称量对象很多可以互换，量词用法上的混乱和不确定性，与语言过渡时期的特征相一致。类似的例子还有：

（13）夫人惊讶不置，伯爵却不以为意，拿着一枝烟管说道："幸亏这偷儿，光偷钱去，若把我这烟管偷去，是真不得了，甚么烟管，都比不得这枝上的。"[新小说1903（50）17]

（14）刚达尔说到此处便止住了，复用他那奇异的足趾，夹起了一枝柴火来，燃着口中的雪茄深深吸了一口。[申报1914.05.11-14]

（15）胡氏板下脸道："我知道了，回转身去，取了一枝棒，劈头劈脸打来。"[绣像小说1905（57）05]

（16）我就同着二千名水师，拿这船翻过来一看，却是空无一物，连一枝桨也没有。[绣像小说1903（13）24]

（17）老者答应一声，便在堂门后面，捡了一枝半新半旧的拐杖，出来一跷一跛，缓缓的踱出门外。[杭州白话报1903（01）02]

（18）我倚在一枝莲花石笋旁边，听那些归鸟飞鸣，却对着些横路的髑髅，暗暗太息。[绣像小说1904（33）02]

同样的，例（13）—例（18）中的名词"烟管""柴火"

"棒""桨""拐杖""石笋"等名物词,均可以与"根""条"等其他线状量词组配,这就是汉语量词中的"一名多量"现象。

3.计量部族、军队

(19)各处纷纷的招集中国人,商量帮助美国的法子,内中已有许多人,练成一枝义勇,到美国军营投效。[中国官音白话报 1898(9、10)18]

(20)俄国本是虎狼的国度,得寸则寸,得尺则尺,趁此机会派了一枝军队驻紮波兰。[杭州白话报 1902 第 2 卷(20)11]

例(19)中的"义勇"即"义勇军",例句中的"枝"在现代汉语中应作"支",清末民初白话报刊中的这类用法,是量词"枝""支"混用的结果。

4.其他类

(21)大家谢了一声便都坐下,陆佩芳斟了一巡酒,便弹首琵琶唱了一枝曲子。[申报 1909.04.16-26]

(22)那男人后来弹了一枝大调,也不知道,叫甚么牌子。[绣像小说 1903(10)03]

上两例中,"枝"计量"歌曲",同"支"。

(23)爵兴又拿出一枝流星火[17],交给润保润枝道:"你两

---

〔17〕流星火为太原民间社火的形式之一。曾在全省各地流行,亦称"耍火炭""火蛋舞",流星技艺由原始狩猎工具"流星索"发展而成。它由舞者将一根绳索横放于颈后,手握绳中央,绳头两端各系彩珠或小碗状的铁丝笼头,内装木炭或棉絮浸油后点燃,舞起来像两个火球在夜空中旋转飞舞,故称"火流星"。

人，倘然挡不住黄千总，即刻转到暗处，把流星火放起。"[新小说 1905（74）01]

（24）这人行了一程，看见一条巷口，摆着个卖年货的摊子，摊子上点着一枝洋油灯，黑烟蓬蓬，给那风吹的忽明忽暗。[小说画报 1918（13）29]

（25）玉书只是对天长啸，忽然转了顶头风，几个舟子赶紧落篷，摇起两枝舻，与风水相争，究竟人力敌不过。[小说画报 1917（12）161]

例（23）的"流星火"因其组成部件中有"线状的绳索"而被"枝"计量；例（25）同例（23）；例（24）中的"洋油灯"是由"蜡烛"的隐喻功能泛化来的。

（26）有一本村律师，受绅士之托，为我买一枝船，以后的食用，也由绅士供给。[少年 1912 第 2 卷（06）10]

上例中的"枝"同"只"，用来计量"船"。

（27）扈姑不肯接手，说道："我弹箜篌不及玛妹，我却带了一枝角来，胜妹也带得铃来了，不如竟是玛妹弹箜篌，我吹角，胜妹摇铃，岂不大妙？"[绣像小说 1903（15）04]

（28）我照准了鹿的前额，蠹的一声，恰好打在他两枝尖角的中间，他吃了一枪，陡时昏晕了。[少年 1911（05）12]

（29）人在世上活着，全仗呼吸，这呼吸也有一副器具在肚子里，从喉咙管起，接着就是气管，顺着颈子前面下去，直到

胸膛，分为左右两枝，穿入肺脏，又慢慢的分为细枝气管，这就是专管呼吸空气的器具了。[训兵报 1905（08）1]

例（27）—例（29）中，量词"枝"分别计量"箠篌角""鹿角""气管"，三者均为人和动物的器官。

清末民初白话报刊中，"枝"的构词形式为"枪枝"仅存一例；其量词的重叠形式如：一枝枝、枝枝、一枝一枝等都存在，和现代汉语一致。限于篇幅，例句从略。

【管】

《说文·竹部》："管，如箎，六孔，十二月之音，物开地牙，故谓之管。"本义指一种古代乐器，后作为量词，常用来称量长条形状的笔、乐器等。清末民初在沿用前代量词的用法上，范围虽然有所缩小，也出现了新的计量对象。

据统计，清末民初白话报刊中，量词"管"共出现 33 次。

（1）白四哥丝毫不乱，把阿黎装好的四管枪轮流介打。[小说时报 1912（17）23]

（2）炸弹，固然要把这样东西绝了根才好，但是这管笔头，又何能不格外的要注重呢？[竞业旬报 1908（32）01]

（3）晚生不过水烟瘾发了，刚走到下一层货舱旁边，见有一管水烟袋，便顺手捧起来，吸了一口。[大共和日报 1914.12.18]

（4）忽见徐觉民拿了一管尺，从墙边走过来，将头勾一勾鹤年。[小说画报 1917（06）154]

上 4 例中，量词"管"分别计量"枪""笔""水烟袋""尺"等事物。其中，"枪"的用法是这一时期用例较多的；"笔"的用法由来已久；"水烟袋"和"枪"相同，均为管状物，清末民初时期由于"鸦片烟"的大量输入，"烟民"剧增，因此其量词用法也出现了变化；"尺"的用法较少。

我们发现，清末民初白话报刊中前代的"乐器"类已不再受"管"计量，无用例出现，这可能和量词"根"的计量对象扩张，挤压量词"管"的指称范畴致其缩小有关。

【股】

《说文·肉部》："股，髀也。"本义是指人的大腿。其量词用法，在魏晋南北朝时期出现，但历史上发展缓慢。直到清末民初，量词"股"的计量对象迅速扩张，称量范围扩大，并且一直沿用到现代汉语中。

根据我们的统计，清末民初白话报刊中，"股"共出现475 次。

1. 计量流动、漂流（浮）物

（1）所有机关车（是装机器的第一车），客车、货车，里里外外，凡开一回，总须结结实实的擦抹数次，所以一经上车，觉得光滑滑的地板，亮晶晶的门窗，软棉棉的坐位，走到那便所处在，不但毫无臭气，还有一股自来水，在那便桶里打漩涡儿。[杭州白话报 1903（14）16]

（2）那老先生止不住一股痛泪，从眼眶中夺门而出，沿颊而下，直淌至唇边。[小说林 1907（07）11]

（3）孙君没有等到玛露索说完，早已经气得两眼发黑，面无人色，连话也说不上来了，腔子里一股热血往上直撞，哇的一声，鲜红的满口喷出来了。[敝帚千金 1906（16）33]

（4）忽有一个女郎，挤到自己面前来，看那女子时，好像有点面熟，后面有一个老妈子，似乎是跟着那女子来的，此时已疏通了些，便向前行，恰好一股人潮的趋势，逼的他二人并着行，想要离开一点不得。[小说画报 1918（18）18]

上面 4 例中，"股"分别计量的"自来水""泪""血""人潮"是流体物，具有不断前进流动的性质。

（5）德胜门里顺着城墙往北去，有一股道直通着北关。[吉林白话报 1907（23）07]

（6）日人由奉天省城，修了两股铁路，一股修到辽阳本西湖，预备运煤，从省城，西南角经过；一股修到抚顺，现时已进小西门，路过四平街。[京话日报 1906.02.06-2]

例（5）和例（6）分别计量"道路"和"铁道"，这说明清末民初时期的"股"在称量对象上已经扩展到"固体"物质层面，这是古代汉语和现代汉语中没有的。

（7）我们居住的地球是一颗行星，并没有什么太阳菩萨，什么地藏王菩萨，地面上蒸上去的一股气化做雨，空中的热气

和冷气一冲一激化做风。[杭州白话报 1903（07）14]

（8）曹云绮也就慢慢的穿过花径，走到院子里来，却见卷篷底下，垂着一带绿湘帘子，几扇水纹油绿纱窗却是开着，微微透出一股幽香，还夹着一些笑声。[小说画报 1917（06）114]

（9）桌上放了一碗茶，里面腾腾正冒着热气，立时镜面起了个小小物理作用，先还是一股湿晕，后来渐渐成了微细水珠。[小说时报 1922（1）1]

（10）他们说夏天好过的，说是冷天势利，穷人该死，房子里不生些火像冰也似的，门外一股儿风像刀也似的，茶饭冷的咽不下。[吉林通俗教育讲演稿 1916（10）85]

（11）至于纸扎香颗，任凭花多少钱，不过买一股黑烟，僧道念经，任凭摆多少坛，不过买几句胡念杂语。[大公报 1910.01.16-06]

上5例中的"股"分别计量"空气""幽香""湿晕""风""黑烟"等气体物质。其实，例（8）和例（9）也是"空气"的下位概念，只不过省略了宾语中心语的"气"，原本应为"幽香气""湿晕气"。

2. 计量人及其内在思绪、外在精神风貌等

（12）前次本报曾总有武建军变一节，后据各报详说，知道不是武建军，乃是一股降勇，中途复叛的，那知枭匪不止一股，这一股降了，那一股又起来了。[京话日报 1904.8.19-2]

（13）四十八峒乱党，已有一股窜出，又向柳庆一路，杀掠甚惨，王道台芝祥，观望不敢前进。[京话日报 1904.10.23-4]

（14）没想到施政越宽，犯法的越众，不仅犯妇日多，还是连三并四的生产，才知道一股苦百姓妇人们有了身孕，耽误了许多操劳，故意的犯点罪，好进女牢里享福。[京话日报 1906.08.09-2]

（15）因这个缘故，一股业洋芋的人，瞧见这样儿炸啦，就骂他为垄断家、操纵人、投机家。[江苏省公报 1918（1521）9]

例（12）—例（15）中，量词"股"分别计量"桌匪""乱党""妇人""人"等。显然，"股"的这一用法组配的均是含有贬义色彩的"下等人"，清末民初白话报中，类似的量词还有"班""伙"等。

（16）情人的恩爱，上帝的厚德，朋友的高谊，他都不问，只剩得冷凛凛，阴逼逼，一股子晦气。[小说时报 1911（13）27]

（17）处世为人全仗着有真性情，稍微不自然，举手动脚，抬眉动眼，一股子假气，虽有诚实的朋友，也不肯掏出心肠来。[京话日报 1905.11.29-1]

（18）譬如学政治的，如何可以改良中国的政治；学工艺的，如何可以提倡中国的工艺；到得回国三个月，那一股膨胀气馁了，再经三个月，就化为轻烟，飘瞥天空了。[小说画报

1917（1）8]

（19）哥哥，你设身处地，替当时他们想想，这一股子恶毒气，忍得住忍不住呢？[新小说 1902（36）14]

（20）我敢说他们，必不是天生来如此的，不过看透了世情，激成那股子逆性，不知道中国的败坏，全在蒙蔽二字。[京话日报 1904.12.26-1]

例（16）—例（20）中，量词"股"分别与"晦气""假气""膨胀气""恶毒气""逆性"等"气质"类名物词搭配，均为抽象名词，表人内心外化的精神状态。正如王绍新（2018）认为："不过后来'股'还可量条形之物。"[18]但是这种精神状态不是能够"一眼就看到的"，而是通过"感知"而来的。

前两例中的"股"后面带"子"，这是口语中的典型用法，类似的量词有很多，例如"根儿""条儿""码儿（事）"等。

（21）怜卿道："姊姊，我病时有几年了？"望着爱生道："总为的记着他一股虚火提在上头，如今一放下心，人就不得过去了。"[绣像小说 1905（56）8-9]

（22）妇人一面拿灯照着他上车，翠儿捺着一股酸心，咽了回气。[小说时报 1922（03）03]

（23）却是欧罗巴人，有一股坚忍不拔的精神，不肯轻易放

---

〔18〕王绍新.隋唐五代量词研究[M].北京：商务印书馆，2018：385.

过。[江苏（东京）1903（01）122]

（24）德国竟不能把法国灭却，不过割了两块地方，得了点兵费，便自伏自顾把兵马退回去了，这不是给法国百姓的一股爱国心吓退的么？[白话报 1909（06）20]

（25）看见那班尊王志士，性情纯正，侠心热场，更看了那马场文英，所着的公武沿革志，专是发明尊王的大义，激起国民的精神，望东看完，那股爱国心肠，不觉的蓬蓬勃勃，感动起来。[杭州白话报 1902 第 2 卷（01）02]

（26）有点儿志气的人，看见这个不好，激出来一股相反的力量。[大公报 1902.08.03-04]

例（21）—例（26）中，与量词"股"搭配的则是表"人的内心情感及精神状态"的名词，例如："虚火""酸心""精神""爱国心（肠）""力量"。此类用法的大量出现，说明清末民初时期的量词"股"的抽象名词的计量范围不仅大大扩展，而且组配对象的数量也急剧增加，这与当时内忧外患的时代背景下，国人的普遍忧虑息息相关。

除了计量人的"内在"，量词"股"还可以和"一眼能看到"的外在表情、精神状态等外貌特征的名词搭配。例如：

（27）一个车夫是中国人，坐在上面仗着主子的势，面上有一股骄傲的气色。[江苏（东京）1904（9、10）243]

（28）听说女孩不在堂内，前去探问，正遇王教士不高兴，恶言恶语的，直给人家丁子碰，一口咬定说是不知道，脸上又作出一股子骄傲神情，令人可厌可恶又可羞。[京话日报1906.05.14-4]

（29）你们看如今地球上强盛的国，那一国还是从前的旧样子，全都有一股子新气，行新政，出新法，造新器，没有不是新而又新的。[大公报 1904.05.28-03]

（30）金风送爽，玉露涵秋，虽然炎暑未退，到了早晨夜晚的时光，轻凉习习，便觉有一股萧疏澹荡的秋气，把那日间的烦嚣淫蒸，扫得干干净净。[小说林 1907（06）1]

（31）况他年纪不过三岁多些，但是他的容貌，却生得异样娇妍，那股温柔态度，赛如天女。[小说时报 1911（11）37]

（32）一看德垣，虽是衣履不周，恰似个聪明厮儿，一股的土头土脑，又似个忠厚样子。[小说林 1907（10）30]

上面6例中，"股"分别称量"气色""神情""新气""秋气""态度""样子"。显然，无论是"人"还是"物"，"股"都能计量其外貌状态。

3. 计量土地、钱财、股份等

（33）当初魏国本是晋国的土地，后来大夫魏斯合韩赵氏，分成三股子，叫作三晋。[京话日报 1905.09.1-6]

（34）现在日本全国的人，都将所有家产，拿出三股之二，充做兵费。[安徽俗话报 1904（01）14]

（35）英人遂想在中国招工前往，到天津设了招工局，若是招了一人，出费若干，分四股给局里用，六股给中国外部。[安徽俗话报1904（10）06]

（36）他治家理财的法子，将一年的进款，分做十四股，每月只用一股，那余多的两股，一股周济贫穷；一股余存，作为预备意外的用度。[杭州白话报1902（33）49]

（37）俗语说的好，叫作人多势众，又说道人多好做事，就是这个意思，无奈说得到，做不到，人心总不能齐，三股五股的生意，还要打吵子，吃官司，不能长久的。[京话日报1904.10.2-1]

例（33）中的"股"计量"土地"；例（34）—例（37）中的"股"做量词，明显的有"分、份儿"的意思。如"三股之二"就是"三分之二"的意思；"分做十四股"即为"分做十四份"的意思。

清末民初量词"股"的这一用法仅存这一时期，之前的汉语和现汉中均无用例，是这一过渡时期特点的重要印证。

（38）那开辟的新地方，失灭了他也不觉着爱惜，添上一股财源的，他是把那开辟的新地方保守了。[敝帚千金1905（08）11]

（39）若能全国一致，人民一心，有了病就请中国先生，吃中国药，岂不与财政上，多添一股来源吗？[中华医学白话报

1913（08）13]

上两例中，"股"所计量的"财源""来源"是在计量"水"等流体名词的基础上隐喻而来的，是"股"的组配对象从物质名词向抽象名词扩展的表现。

（40）有一个人兼几股的，下院公举议绅做议长，他们的分股，跟上院差不多，每年十二月聚会，三四月散会。[绣像小说1904（29）62]

（41）现议定每股收计，洋壹佰圆，以两千股计，洋二十万元为度（原讲以银壹佰两为一股）。[湖南演说通俗报1903（6）2]

例（40）—例（41）中，"股"的量词用法，为期末民初时期新产生的用法，来源于"股份"，这与当时的民族工业等实业救国，以及银行的大量涌现有关。

4.计量其他事物

（42）有一位善男，傻头傻脑，拿着一股香，在一个人身后面，点着了就跪下，跪下就磕头。[京话日报1906.04.28-3]

（43）书上说得最好（积善之家，必有余庆；积不善之家；必有余殃。）大凡人情善恶，并不在吃斋念佛，好人一股香儿不烧，有神也能保佑。[京话日报1906.07.11-1]

（44）且说当下赫侦探猛然见旁边有个火炉，炉中那股余烬，尚自未息。[小说林1907（01）87]

上3例是"股"计量"香"的用例。古代拜香一束叫一股，这种用法直到清末民初时期还在使用，但是现代汉语中，只有"一炷香""一把香""一盘香"等用法了。

量词"股"还可计量"辫子"，如：

（45）尚书忽觉眼前晃亮，就望见玻璃里炕床下首，坐着个美少年，头戴一顶双嵌线乌绒红结西瓜帽，下面托着块五色猫儿眼，背后拖着根乌如漆光如镜三股大松辫，身上穿件雨过青大牡丹漳绒马褂。[小说林 1907（01）19-20]

【丝】

《说文·系部》："丝，蚕所吐也。"本义是蚕吐的丝，引申义为丝线。清末民初白话报刊中，量词"丝"共出现 167 次。

（1）章伯正在用远镜凝视，说道："你们看东边，有一丝黑影，随波出没，定是一只轮船，由此经过。"[绣像小说 1903（09）02]

（2）凡见身上有一丝红布的，不是用枪刺死，即是用枪打死。[绣像小说 1904（18）02]

（3）那以前所述的诸种症状，也更加次第显著，咯痰之中，时时牵着一丝一丝的血线，这叫做痰里带红，往后连血块也有了。[小说时报 1912（16）26]

（4）他们严守秘密，把洞房深锁起来，内外交通完全断绝，虽福尔摩斯再生，要探取他一些风声，也苦无从下手，不比襄阳周家府上，还有一丝板壁缝，可以泄漏春光。[申报

1914.08.16-13]

（5）大家走近前来一瞧，却见死美人的左手，紧紧的握着一缕头发，这头发，又长又带有红色，看官们是知道外国男人是没有长头发的，所以这外科医决定凶手是个妇人，博士听了，便在一缕之中，取了一丝，也装在小金匣。[小说时报 1910（04）1]

（6）第二天早晨，天渐渐儿有些暖意，雪也止了，却有一丝朝日，从地平线下升将起来，照遍圣彼得堡全城。[小说时报 1913（18）16]

（7）惟有那管家福特住的一间里，透出一丝丝的灯光来。[小说时报 1914（23）46]

例（1）—例（7）中，量词"丝"分别计量"黑影""红布""血线""板壁缝""头发""朝日""灯光"等具体名词，均是可视化的。

（8）拿这机器摆在病人胸上，倘使病人还有一丝呼吸的气……[无锡白话报 1898（04）02]

（9）这般糊涂的俗话，也不知有多少，一时那里说得尽，总之以为，世上无论什么事情，都有个天命作主，人不用费一毫心，用一丝力的，若无天命，就是费尽心力，也是枉然。[安徽俗话报 1905（19）01]

（10）达威德尔有事在心，不能安坐，便披上毡裘，带上手套，提着一个皮包，出外游览，留心探听消息，一连数

日，并探不出一丝密约的信息，心中甚是纳闷。[京话日报 1904.08.20−2]

上 3 例中的"气（息）""力（气）""信息"等均是不可视物。

【线】

《说文·系部》："线，缕也。"本义是用毛、丝等材料做成的细丝，由此引申为量词，称量细小的丝线状事物。清末民初时期，在承继前代用法的基础上，"线"计量范围进一步延伸，抽象名词数量增多。

据统计，清末民初的白话报刊中，量词"线"共出现 146 次。

（1）王小玉唱了十数句之后，渐渐的越唱越高，忽然拔了一个尖儿，像一线钢丝，抛入天际，不禁暗暗叫绝。[绣像小说 1903（10）04]

（2）葛色一刹时畏女主母的心，与怕野兽的心，重新勾上心坎，恨不胁生双翅，由树林飞到田源，再由田源飞到一线灯光处，想了一想，便奋力站起，使劲用两手握紧了水桶。[小说时报 1916（28）04]

（3）对岸隐隐露出一线黑影，一霎模模糊糊，天水又是一色。[扬子江小说报 1909（05）39]

（4）镜面起了个小小物理作用，先还是一股湿晕，后来渐渐成了微细水珠，一转眼索性变了联邦制度，大珠小珠，一线

线的流动。[小说时报 1922（01）1]

例（1）—例（4）中，"线"分别计量"钢丝""灯光""黑影""水珠"等名词。其中，"灯光""黑影"等也可与上面提到的量词"丝"组配，可见"丝""线"两个量词在计量对象上有重合，在"线状"层面有相同的语义特征。

量词"线"在这一时期可计量的抽象名词增多，如：

（5）白话记者记毕，起立叹道："在百千万不知国家、不知公德、不知团体、不知学问，没志气、没智识、没心肝、没脑筋的腐败社会中，忽由女界放出一线奇光异彩，照耀黑暗世界。"[北洋官报 1906（913）04]

（6）我们要救我们的国，必定要把那些贱种赶出去，然后可以救我们的国，只有这一线的生机在这里，那是甚么呢？就是革命。[中国白话报 1904（12）76-77]

（7）那位娘娘就微绽朱唇，轻舒皓齿的，对着妙儿说道："小姐……我本不应该这么冒冒昧昧的登门，不过被史太太拉着同来，所以没法，但还有一线可恕的地方。"[新小说 1905（15）04]

（8）现在中国所最缺少的，就是这光明磊落，正大刚直的人，我们既然一线天良未死，为什么不自己做一个中流砥柱，力挽颓风的人呢？[敝帚千金 1905（02）13]

例（5）—例（8）中，抽象名词"奇光异彩""生机""地方（方面）"天良"与量词"线"搭配。较之现代汉语，清末民初时期，就"线"所计量的抽象名物对象更广。

第三节　面状个体量词

面状量词，是指经常与具有典型性平面的名词相搭配的个体量词。清末民初的白话报刊中，我们发现共有片、面、方、幅、版、张、挂 7 个。下文我们将就其搭配的名物进行分类，并作阐述。

【片】

《说文·片部》："片，判木也。"本义是木片，可指称"薄而扁平"的事物；由动词义"剖开"演变为可计量"分开物"的量词。清末民初的白话报刊中，"片"的量词用法已经成熟，其计量对象范围较前代更广泛，共出现 869 次。

1.计量薄而扁的东西

（1）那几副甲，果然灵妙非常，不比古时打仗穿的铁甲，又笨又重，祇见那形状都是照着人体形体造成，穿上之后，外面还可以罩着寻常的衣服，前后护心掩肚四片，左右胁下四片来得厚些，打磨得银花般白。[小说画报 1919（19）93]

（2）龚太太不懂得他的意思，只道你果然缝过补子的，就

把褂子合补子交给他，周大娘见了这三片东西花花绿绿的，从来也没请教过，倒弄得没法了。[绣像小说 1906（66）04]

例（1）—例（2）中，量词"片"分别计量"护心""掩肚""补子"，三者均为"衣服的布料"。

（3）譬如有个国，被别国洋枪火炮打进来，碰着银钱就抢，看见米粮就夺，许多讲究的房屋，变做一片瓦屑，许多精巧的器用，变做一片灰尘。[中国官音白话报 1898（12）11]

（4）家中杂用器具，本也无多，更兼数日，来押的押，卖的卖，早就剩得四片壁，脚两付，骨头也无，床桌也无。[新小说 1904 第 1 卷（03）06]

杨杏红、张娜（2012）认为："量词'片'的泛化是以隐喻的相似性为基础的，这种隐喻的相似性最终走向'片状'意象图式。"[19] 显然，上两例中，"瓦屑"和"壁"均为房屋的组成部分，其中，前者表示被侵略者摧毁后的覆灭状；后者则用"片"表示家中穷的连"墙壁"都很薄，如纸片一般，是夸张的表达手法。

（5）陈观察仔细一看，只见这人头戴着水晶顶戴，外拖着一枝花翎，穿着五品的公服，身裁不长不短，面孔不胖不瘦，嘴上却有两片半黄半黑的胡须，年纪约摸有四十上下的模样。

---

〔19〕杨杏红，张娜.量词"片"的泛化及其对句法的影响[J].阜阳师范学院学报（社会科学版），2012（02）:31-34.

[小说画报 1917（03）118]

（6）他的用心，不过是市井小人的见识，怕是抢了他的行市，这两片子无公德的臭嘴，本可以拿他不当人，原不必同他计较。[京话日报 1905.3.16-3]

（7）雅梨这个当儿，正是万念俱空六根寂灭，谁想他眼与鼻舌身意，任是干干净净，偏生有一个声尘未泯，两片粉耳朵里，忽的吹入一种风水之音。[扬子江小说报 1909（05）35]

（8）梧桐树下，正有一个女孩宕着秋千顽呢，估量他的年纪恰和自己仿佛，两个小腮子红红的，好像贴着两片玫瑰花的瓣儿。[小说画报 1917（4）20]

例（5）—例（8）中，量词"片"分别计量"胡须""臭嘴""耳朵""腮子"。其中，"片"计量"胡须"应该是来源于"嘴"的转喻用法，二者具有相关性，因此，"片"的计量对象从"嘴"转喻到与其相关的"胡须"上；例（8）中"片"计量"腮子"的用法，例句本身已经给出了其来源是，为"片"的隐喻用法，因为"腮子"和"花瓣"相似度极高，因此借以"片"称量名词"腮子"。

（9）（唱）我一见，把降旗，插在船面，到教我，一阵阵，心加刀剜，说甚么，大海军，白旗一片，到如今，真个是，片甲不还。[第一晋话报 1906（04）57]

（10）猪子要有小病，还得一样作工，要有大病，便扔在荒

郊野地，遮盖上两片席，不等着真断了气，就一把火烧了。[敝帚千金 1906（17）11]

（11）原来老人分食饵与鸟儿吃的时候已到，一会，一群二群三群，聚得越发多了，那无数片的羽翅，只在他头上回翔。[绣像小说 1906（69）09]

（12）我说不见得十分好，若在三十步打一片纸牌，还可打中，伯爵夫人听了，甚是欢喜。[小说时报 1911（13）12]

（13）这一天灯光明处，照见那正中的桌子上，放了个小小的玻璃瓶，瓶中放了半瓶酒瓶外，还有两包花生，四五块豆腐干，以及一片外国旧报纸，托了十几片的熟牛肉，似乎迎接什么嘉宾似的。[小说画报 1917（02）44]

（14）姗摩连忙系住了舵，追上来看时，只见船后水下，白蒙蒙地打几个盘旋，犹如一片烟雾，愈沉愈下，竟影迹全无了。[小说时报 1911（13）38]

（15）博士道："这一小片钢铁，正是他小刀上的缺痕，检查官把那片钢铁嵌上刀头，真一些儿空隙也没有。"[小说时报 1910（04）16]

（16）忽听得亭外半空中，扑扑的乱响，急看时，又有几片树叶，从林梢上飘将下来。[小说月报 1907（02）51]

例（9）—例（16）中，量词"片"分别计量"白旗""蓆""羽翅""纸牌""报纸""烟雾""钢铁""树叶"，均为薄而扁平之物。

量词"片"还可以计量与"食饮"有关的名物词，例如：

（17）原来医生请他吃的，不过几个果子，一个鸡蛋，两片薄薄的面包，此外更没有了。[少年1913第2卷（12）13]

（18）高升听了以为奇怪，走过去看看，他那茶碗中间，飘着三四片茶叶。[新小说1904（39）08]

2. 计量连绵不绝的景观

（19）大家这样纷纷乱送，也不用洋人带兵来瓜分，好一片锦绣江山，便自然自在的到了他的荷包里了。[安徽俗话报1904（10）04]

（20）地球之上，除了五大洲之外，还有南北两极左近的南冰洋北冰洋，都是一片冰山冰海，永无人烟。[竞业旬报1908（25）39]

（21）这一次演的是美国某人环游地球的景致，共五十片，第一片是地球总图……[中国官音白话报1898（20）16]

上三例中，"片"分别计量"江山""冰山冰海""景致"。类似的还有：荒郊、湖波、田、洲、太阳光、月光等。

3. 计量话语和声音

（22）他若是一定要灭我之国，除非先将我国内之人，杀净杀绝，一个不留，他方才能够得我的一片绝无人烟的土地，看官，莫笑我这一片是呆话。[新小说1903（8）8]

（23）这妇女缠足是正经事不是，这缠足究竟有什好处，如果有说出一片真理来，教我们无话可答的，我们就从此不再劝说这件事。[大公报 1905.04.03-02]

（24）笑隐正在这院子里头散步，忽听着一片笙铙，夹杂着人语喧哗的声响，从左壁厢那阵清风里边，吹过耳窍，射入脑精里来。[山东国文报 1906（17）97]

例（22）—例（24）中，"片"分别计量"话""真理""乐器声"，类似的还有：谣言、道理、说法、乐声等。

4. 计量人的内在特质

（25）他便造起一座万里长城，把中外隔绝得如铜墙铁壁，这也是他一片雄心，要把中国的地方，归他一人享受。[杭州白话报 1901（02）02]

（26）郎君在印度时，十分爱奴，说不尽的海誓山盟，今闻郎君此言，莫非从前都是一片假意么？[新小说 1903（162）03]

（27）十二日业已相验，十几岁的孩子，正在一片天真，极高兴的时候，要不是万分为难，逼的没有活路，如何能够寻死。[京话日报 1906.05.08-4]

（28）偏生代他设想，代他解释，不是临事糊涂，实缘心中蕴着一片杀机。[大共和日报 1914.09.16]

（29）沙尔九世，不但款待的他十分好，连他的女婿窦立业先生，也是称兄道弟，格外密切，做了法王惟一的好友，不知

不觉的把一片疑云，扫荡得干干净净。[小说林 1907（11）07]

（30）敝国现在的危险，说来真吓死人，外国早经看中国的土地是个瓜，劈开来，好一片一片，各自匀分。[杭州白话报 1901（01）03]

（31）众人的志向坚坚固固结的成一片，便好把他当做万里长城用。[白话报 1908（03）02]

（32）我国的男子却不然，初见时几乎替女子尝粪皆做得到，及至骗结了婚以后，那可渐威武起来了，种种压制，种种束缚，种种欺凌，种种诈吓，将从前一片怡声柔色的样儿，早已丢到东洋大海去了。[竞业旬报 1908（30）04]

例（25）—例（31）中，量词"片"计量的均为抽象名词，分别为"雄心""假意""天真""杀机""疑云""志向"。其中，除例（32）计量的"样子"为人的外貌外，其余的均为表示心理活动的名词。这种用法，发展到现代汉语，仅剩"一片好心、心思"类似的用法了。

5.计量整体的一部分

（33）原来元朝没有陵墓，不论君后妃嫔们死了，用松柏木一棵，锯开两片，挖个人身的槽子，把尸首放在当中，又把两片木头合好，拿金箍三道箍住。[京话日报 1905.07.12-1]

（34）请大家取一个柿子的种子，使小刀把他竖着切为两片。[北直农话报 1905（07）16]

（35）周大娘才恍然大悟道："原来这是两片儿，我拿来缝在前面，不是恰恰配上两爿大襟么？"[绣像小说1906（66）01]

上几例中的量词"片"的用法，来自"剖开"义的引申，分别计量"瓜""松柏木""种子""大襟"等整体事物的一部分。

清末民初白话报刊中，汉语量词"片"的特殊用法也很有特色，略举数例，如：

（36）我在家里睡觉，房里有脚步的声音，尚且睡不着，这样颠上倒下，乒乒乓乓，大人吐，小孩子哭，搅成一片，怎么能睡得安呢？[小说画报1917（02）127]

（37）一想我在上海，店不开一片，地不买一亩，孤零零一个人，尚未立定脚头。[申报1908.09.07－12]

（38）这些人走在兵队的前面，奋勇当先，身上穿的衣服，拖一块挂一片，就像叫化子的一般。[申报1909.01.05－26]

例（36）中的"一片"指"整体的场面"，并非仅指其中的某一个"脚步的声音""大人吐""小孩哭声"，而是三者的叠合；例（37）"店不开一片"中的"片"，其实为"爿"，清末民初白话报刊中，"爿"用以计量"店铺"，根据我们掌握的语料推测，这一用法仅存于我国的南方地区；例（38）中的"拖一块挂一片"中的"片"，也是"爿"义。例如：

（39）海伦纳伏堪厉声说道："小蹄子，好好儿躺着，以后你可知道，吾海伦纳伏堪不是个好惹的了，还是穿了你从前拖一爿挂一块的百衲衣，到莽德麦得尔大酒肆里跳舞去，倒舒服一些。"[小说时报 1916（27）13]

【面】

《说文·面部》："面，颜前也。"本义是人的脸面，因此引申为量词，常用于表示呈扁平状或能展开的事物。量词"面"的初始例，在魏晋南北朝时期已经出现，发展到清末民初时期，其用法较前代有所扩大。

据统计，清末民初的白话报中，量词"面"共出现 164 次。

1. 计量扁平的或能展开的物件

（1）菲亚沈扮了一个传教的姑娘，身上穿着一件黑色斜纹绒的摇曳长衣……脸上盖着一面乌染线纱织成的密网……[新小说 1902（35）20]

（2）三月里，水带碧桃流，消遣这，暮春天，最好结清游，着一双，小革靴，登山又临水，一不用，七香车；二不用，木兰舟，芳草长，柳丝柔，放一面风筝儿，踢一回皮球。[竞业旬报 1908（17）51]

（3）他父亲独坐在花梨木铺锦的长书桌旁，一张紫橡皮的仙人躺椅上，三面玻璃窗，一齐开着。[小说时报 1911（14）04]

（4）税务司就给发凭单，另外还给他龙旗一面，出了上海境。[中国官音白话报 1898（9、10）18]

（5）那罗拔士比丹顿一流人，当初岂不是都打着这自由平等亲爱三面大旗号吗？怎么后来，弄到互相残杀尸横遍野，血流成渠，把全个法国，都变做恐怖时代呢？[新小说 1902（36）13]

例（1）—例（5）中，量词"面"分别计量"密网""风筝儿""玻璃窗""龙旗""旗号"，前二者为扁平的实物名词，而"旗号"则是抽象名词，是量词"面"计量对象泛化的结果。

（6）贵兴抬头看时，只见那家门首，挂着一面簇新招牌，写着"江西马半仙、专参六壬神课、兼精命相、阴阳地理"十九个字。[新小说 1904（106）05]

（7）各坟墓前面有一面石碑，上写着这坟里所葬埋的人，生于何处何时，死于何时，并略述其生平事迹。[大公报 1913.06.19-6]

（8）剪直还叫她们带了一面镗锣，一副鼓板，做足了样子，哄动听的人，不但不疑心，且暗暗有益。[新小说 1905（153）08]

（9）弟由山东来京，携有半律瑟一面，志在弹演圣谕，宣讲故事，也想唤醒愚蒙，尽点义务。[京话日报 1905.05.16-3]

孟繁杰、李焱（2009）认为："一是越来越向着典型的'扁

平状'特征发展，二是越来越向着'竖直'方向发展。"[20] 例
（6）—例（9）中，"面"分别计量"招牌""石碑""镗锣""半
律瑟"等物。不难发现，这些名物词从整体上来看并非呈现
"扁平的面状"，而是呈现"竖直的面状"。但是人们在使用这
些器物时，起到主要功用的部件却集中在一个面上，例如："招
牌"最主要的功能就是让顾客能够一眼看到木牌上的大字，石
碑也主要起承载信息的功能；"镗锣"和"半律瑟"的主要功能
区也都是其朝上的那一面，因此可以用"面"来计量。

（10）医生要想逃走，细看这所院子时，三面高墙都无出
路，只有后面是窗，窗外却是一条大河。[少年 1911（02）27-
28]

（11）这面崖壁坦平如镜，对这山地上零星石炭，岂不是天
然一副摩崖么？[中国白话报 1904（21-24 合期）128]

（12）其余十一人欢呼雀跃，出洞一张，见近处冰面，凹凸
起伏，不便行走，只得沿着湖边，北行约有一迓路，见一面琉
璃，茫无涯际。[新民丛报 1904（临时增刊）811]

（13）莱恩道："你须得立在外面光线好的地方，才瞧得分
明。"说时，转身到一面壁角里，拉出画架来，把上边遮着的一
张纸儿揭去。[小说时报 1914（23）33]

---

〔20〕孟繁杰，李焱.量词"面"的语法化 [J].海外华文教育，2009（3）:24-28.

（14）到第二天一看两面柱子上，槅扇上，亦都是一滴一滴的血，至于地下更不用说了。[绣像小说 1903（13）02]

上面 5 例中，与量词"面"组配的名词分别是"高墙""崖壁""琉璃""墙壁"。同上几例类似，此类名词主要起"阻挡"作用，可与其搭配的量词还有"堵""道"等。

2. 计量事情

（15）后世不察，却把他定成一面官司，只许夫出妻，不准妻离夫，妻子有了不是，立刻撵回母家，丈夫有了不是，偏说嫁鸡随鸡，嫁狗随狗，真个暗无天日呢！[竞业旬报 1908（27）33]

（16）云麟也不辨明似珠说的甚么（一枝笔能写出两面心事），只顿脚道："怎么好？怎么好？我去劝富大哥不要干罢！"[大共和日报 1915（05）28]

上两例中的"面"可以替换为"个"。此外，清末民初的白话报刊中，还有"面"计量"脸面"的用例，如：

（17）观音尼两手伸起两个指头，在两面粉颊上一上一下画着道："羞羞，你说没人敢给你气受，便有一个人敢给你气受，还要瞒着我们么？"[小说画报 1918（15）82]

计量见面的次数，相当于"次"。例如：

（18）咳！我们中国的皇帝，是向例深居简出，不能行动自由的，再则商民是万万不能见皇帝一面的。[图画演说报 1901

（01）32]

（19）在下那一年开了一个小铺子，银钱被洋兵抢了去，告过一面状，就用的是这个办法。[京话日报 1905.5.9-2]

【方】

《正字通·方部》："方、策，版也。大曰策，小曰方。"指的是在古代书写用的木板，由此引申为量词。魏晋南北朝已有用例，计量"方形面状物"，后世因之，清末民初将具备这一特征的事物范围极大地扩充，计量对象多样化。

据统计，清末民初白话报刊中，量词"方"共出现 225 次。

1. 计量方形或类似方形的事物

（1）皇太后万寿典礼，凡祝嘏王公大臣，都蒙赏御书寿字一方，有立幅，有大小斗方，各按品级颁发。[京话日报 1904.11.7-2]

（2）有一天，记得不知在那里开会，他大笔健起来写上无数的纸幅，东也一方，西也一方都是些格言。[小说画报 1917（08）47]

（3）他那买字画，也是这个主意，见了东西，也不问真假，先要有名人图书没有，也不问这名人图书的真假，只要有了两方图书，便连字画也是真的了。[新小说 1905（268）07]

（4）忽然空中来了一辆汽车，盘旋不息，滕达一颗脑袋此时竟变做一部影戏机器，对着一方图画纸开演。[申报 1915.

08.04-14]

（5）那个披头鬼的影儿，是预先用五倍子水或者皂矾水，画在一方黄纸上，用的时候，故意叫人取过一张黄纸，剪作一方一方的数十方，暗中把画就的一方，搀和在里头，就把这一方黄纸，浮在水面上。[申报 1910.05.21-27]

以上诸例中，与"方"组配的名词均为"软质物"。例（1）—例（5）中，量词"方"分别计量"字画""纸幅""图书""画纸""黄纸"，均为"纸质"事物，具备"长宽规整"的语义特征。

（6）继之在书架上取下画来，原来是一幅美人，布景是满幅梅花，梅梢上烘出一钩斜月，当中月洞里，露出美人，斜倚在熏笼上，裱的全绫边，那绫边上都题满了，却剩了一方，继之指着道："这一方就是虚左以待的。"[新小说 1905（241）03]

量词"方"还可称量"字画"类事物的未被占用的"空地"，为量词的转喻用法，如上例的书卷"空白处"。

"方"还可计量"硬质地"事物，例如：

（7）该学堂堂长禀告县令，县令就用鼓吹仪仗，送匾一方，匾上写"沾溉童蒙"四个字，实在荣耀得狠。[竞业旬报 1906（06）40]

（8）锺国洪又备了许多祭品，厅中悬了一方木牌，上书"光复会实行委员葛君思明之位"。[中国白话报 1904（07）80]

（9）那医生微笑不答，仲手从衣袋里摸出一块长方形的铜牌……那医生见他这般惶惑，倒弄得莫名其妙，问道子爵："难道这一方铜牌和你有些儿关系吗？"[申报1915.10.01-14]

（10）红袍是你原来有的，不过旧一些罢了，现在所缺少之物，便是纱帽一顶，方头靴一双和牙笏一方，你和城隍土地是最要好的，何不向他们借去？[申报1916.01.27-13]

（11）务恳即付来人，至感至叩，底下写着一个桐字，又写着一个日子，刻着一方学台的公事图章。[申报1908.10.03-26]

（12）石版道："不是这个，我问你这方石版，是从那里来的，我的名字是叫司来脱。"[少年1913第3卷（03）03]

（13）诸位仁人君子，我等生离死别，即在斯时，尚须略谈数语，这一方银子，请你们赏收，权作孝敬。[申报1907.11.11-18]

（14）我们大人也没有受过脏私，小的也没有做过过付，便是前天说的砚台，不要说是借，是，便是我们大人要在府大人跟前讨个一方两方，也算不了什么。[小说林1907（05）23]

（15）临后，又有两三个颜色青白，穿着黑衣的妇人，走到那十字塔前，和那向着欧洲，那方炼瓦造的十字塔上文字接吻。[新小说1904第1卷（04）05]

（16）大成殿的院落中，古柏参天，廊下的石碑，高高下下，皆元明时人所立，这还不算古，顶古的，是周宣王时石鼓

数十方，清帝从陕西移来的。[少年1913第3卷（04）21]

例（7）—例（16）中，"方"分别计量"匾""木牌""铜牌""牙笏""图章""石板""银子""砚台""炼瓦""石鼓"，这些名词所表示的事物均为具备"携字"功能的物件，是文化传承的载体。

（17）常用品：蚕匾四十个，给桑台二个，切叶板一块，桑刀（大小）各一把，磨刀石一方，刷帚一个。[竞业旬报1906（04）20]

（18）亚楼定睛看时，只见这屋有一方窗户，足有一人多高，上面横横直直安着许多的铁齿，坚固异常。[扬子江小说报1909（05）64]

例（17）—例（18）中，量词"方"分别计量"磨刀石""窗户"，表示家具类。

量词"方"可以计量"食物"类事物，例证如下：

（19）每人不管他食量如何，总是一碗不许再添，惟遇着几个大节日，每人加二两半重的一方面包，一年之中，不过数回。[少年1913第2卷（09）06]

（20）那般老顽固，不知身受辱，反认贼作父，宛似犬儿贪吃偷儿所给一方肉，满口乱嚼便把偷儿护。[竞业旬报1908（26）20]

（21）我们家里虽算不得富足，然而今日敬神还备得这一方

猪肉，便就是神天庇佑。[大共和日报 1914.09.16]

例（19）—例（22）中，"方"计量"面包""猪肉"等。

（22）这个官过去后，便又是一顶空绿呢轿，轿子里摆着一个玻璃盒，盒子上盖着一方绣花黄缎。[安徽白话报 1909（1）24]

（23）说着便放下了手中的刀叉，立起身来，把他拉着坐下，又把一方手巾，替他里了手上的伤处，弗伦方才坐下。[申报 1907.11.05-18]

（24）那木喀呼图克图贵品，大哈达一方，带縢貂挂一件，珊瑚念珠一串，金表一枚，磁瓶一对，片金缎二匹，黄缎二匹。[蒙文白话报 1913（03）151]

（25）俪箫不禁心头笑，也知道自己的言词又说差，聊借一方罗帕子，背身儿自把泪痕揩。[申报 1913.05.09-10]

例（22）—例（25）中，量词"方"分别计量"丝织"类的"黄缎""手巾""金缎""罗帕子"。"方"还可计量抽象名词"席面"，用例如下：

（26）我们上海各花园，成绩狠是不少，也应整备整备，向我们上海出品所里，争一方席面。[申报 1909.08.11-26]

2. 计量田地、处所

（27）自修室在洋楼后书架分间位置，精墙外一方沙漠地，秋千高架势凌云操场。[申报 1913.03.20-13]

（28）我今有一个譬喻，譬如有田两方，一方是已经耕过，而且加以肥料，一方是听其自然，尽着他成为荒地。[小说时报 1912（16）07]

例（27）—例（28）中，量词"方"分别计量"沙漠地""田"。

（29）大家想想，现在大家的根据地，是怎么样了，今天被人家割一块，明天被人家占一方，几年以后，就要资尽囊倾，和盘托出了。[竞业旬报 1908（17）9-10]

（30）这时中国人虽然有饭吃有鱼吃，也不过叫饱等死，知识一点儿也没有，住了这块大地，你一方，我一方，大家散散漫漫的，不成个体统。[中国白话报 1903（01）13]

（31）惟独这树木最能吸收炭气，吐泄养气，所以树木多的地方，冷热合式，纵然遇着时气不正的年头儿，他那一方的灾气独少。[北洋官报 1907（1362）9]

（32）那为头的强人，一口长髯，头上打着英雄鬏，穿件黑呢短袄，黑呢箭裤，声如洪钟的答道："你们倒底是那一方人，坐了轮船，停在这荒岛边则甚？"[绣像小说 1905（50）03]

（33）那人叠着两个指头说道："为今之计，主公只有自投英国兵船，叫他给地一方，暂时避难。"[绣像小说 1903（06）01]

（34）自先世东周君，被秦孝公放逐海隅，遂挈家属，依此绝岛安身，僻处一方，到了洒家已延九世。[中国白话报 1904

（11）67]

上六例中，量词"方"，犹"处""块"。此处的"方"所指称的"土地"义已经虚化，其表示的"土地"仅仅是概念意义上的，并非就具体的土地来说的，名词中心语"土地""地方"等承前省略，这种用法可能为古代汉语的遗存。

（35）咖啡馆是一大九开间的，新式玻璃厅，单说四面窗户上的玻璃，前后两面，各二百七十方，左右两面各一百三十四方，统计四周，共八百零八方。[河南白话科学报1908（12）8]

（36）符慈仁却不芥蒂，倒是两袖清风，两袖清风妙，抗着几十方当不得吃喝的东西，还他的原籍。[小说林1907（05）24]

例（35）和例（36）中的"方"是度量衡量词，"立方"简称为"方"。

【幅】

《说文·巾部》："幅，布帛广也。"本义是布帛的宽度，后指称布帛类名词。其最早用例在南北朝时期已出现，清末民初时期，"幅"的计量对象范围扩大，泛化程度较高。郭晓沛（2013）认为："由度量量词虚化为个体量词；再由个体量词泛化为称量'有一定宽度'的布帛类事物；再到最后的个体量词，用以称量'纸'这一事物。"[21]我们赞同这种看法，下文举例论证。

---

〔21〕郭晓沛.量词"幅"的义项发展及用法的认知分析[J].兰州学刊，2013（02）：196-200.

据统计，在 50 种清末民初白话报刊中，量词"幅"共出现 201 次。

1. 用于可以展开的薄平物

（1）这剑柄上，挂着半幅裂帛，又是他们同党的暗号。[小说时报 1910（06）14]

（2）查万国旗有绸制、布制、纸制三种，又分板印、石印、药水点印三法，绸制者价甚贵，销路不多，暂不必制，布制者，二十四或三十幅为一组，约卖价一圆余，纸制者，十二幅或十五幅为一组。[实业浅说 1916（32）02]

（3）从今天起，菜饭俱用真素，除自己的跟人外，其余别人，一概不准屋里来，并叫预备紫金冠一项，八卦仙衣一件，朱履一双，蝇拂一柄，七星宝剑一口，五彩颜色各一碟，祁门小炮一百个，净笔十枝，硃砚一方，黄纸一幅，其余都是无形的法物。[法政浅说报 1911（25）47]

（4）贵兴吃了一惊，走到桂仙房门口一看，只见一幅罗巾，高高的把个桂仙挂起，头发也散了，那舌头伸出来有二寸多长。[新小说 1905（55）01]

（5）一面角上，有一座妆台，妆台之傍，有洗脸架，上面面盂，水壶，胰皂罐，没一件不齐备，没一样不清洁，手巾共有三幅，洗濯得如雪样，白而又鲜哈。[绣像小说 1906（70）02]

（6）帘，竹帘子的帘，竹是意思，廉是声音，布做的门帘，

不可以用帘，穴是门，巾是一幅布，这帘字，专说竹做的帘。[京话日报1904.10.21-4]

（7）吴敦造那行台，先相了山毛榉树，择其近水的，就在他交叉枝上头，横了几条长木，盖了几幅帆布，不费两日工夫，四壁都弄好了。[新民丛报1902（11）76]

（8）赫石细看，原来是一张油画，挂在架上，外面遮着幅绒帷。[小说林1907（08）94]

例（1）—例（8）中，量词"幅"分别计量"裂帛""纸""罗巾""手巾""布""帆布""绒帷"等"布帛"类名词，这一用法现代汉语中已经消失。

（9）胡仇把那十多个妓女，都反绑着，鱼贯的拴起来，连那样符令也拴在一处，又割下几幅妓女的裙来，把各人的嘴都堵塞住了。[新小说1905（211）15]

（10）那秦楼箫玉巳配成双，新郎是……新娘是轻纱罩面芙蓉艳，八幅罗裙拂池长，雾里看花花更媚，隔帘窥月月如霜。[申报1914.07.10-14]

（11）这表的十族百姓们，撒落满犯了天主诚，这十族成了你的人，把十幅氅衣交给你，立你为十族帝王君。[公教白话报1917第5卷（15）237]

（12）王金方假做没听清楚，说你说什么？金第把一幅妃色湖绉被儿，向头上一蒙，说你没听见就算了，快些睡着罢！[小

说画报 1918（13）73]

（13）二人走出客房，隔不数尺，进了一间不大不小的精室，正面赤金像架，挂着一幅工笔美人，画得笑容可掬，娟秀欲生，两边尽是名画，也有几幅极精细的地图，门口窄着一幅红帘。[新小说 1902（39）07]

上面五例中，量词"幅"分别计量"裙""氅衣""被儿""红帘"等名词，同样，此类用法并未延续至现代汉语中，仅留存在历史文献中。

（14）那橡皮客厅中间，挂的便是凤氏的留影，旁边挂的是八幅单条〔22〕，单条写的是龙孟华新填的几曲词。[绣像小说 1904（36）03]

（15）郑老闻之喜不禁，命金之外多酬谢，把瞎子先生送出门，一幅红笺书八字，预备着，七月十八出年庚。[绣像小说 1905（48）03]

（16）灵前有彩亭一座，内供旌表，纸牌一统，写明烈妇的始末（坟前已立石碑），又有挽联八对，同人阅报社的祭文一幅，看殡的大众，无不交口赞扬。[京话日报 1906.04.17-4]

（17）在北京八大胡同，作八秩大庆，外面开着两扇八字大门，里面厅上，挂着许多八角红纱灯……靠墙是八幅寿

---

〔22〕单幅的条幅，出处为《牡丹亭·幽媾》。

屏，八把圈椅，玻璃窗下，还设着一只大八音琴。[大公报 1913.01.22-09]

（18）那人进了大门，望西一拐，便是三间客厅，铺设也还妥当，两边字画，多半是时下名人的笔墨，只有中间，挂着一幅中堂[23]，只画了一个人。[绣像小说 1903（11）02]

与前十例不同，例（14）—例（18）中，量词"幅"计量的"书画"类名词，是在"薄而平"物的基础上对其进行文字加工而形成的文化类名物词，如"单条""红笺""祭文""寿屏""中堂"。

清末民初白话报刊中，量词"幅"类似的用法还有，可与"信件类""纸稿类"名词搭配。例句如下：

（19）那端饭菜的小篮儿照例放将进来，只见食物旁边，添上一幅字纸，阿松估量是昨天的计策中用了。[新小说 1903（19）10]

（20）咳呀！写了半天，没有入了正文，已经满幅了，没奈何，只好求看官耐性些，候到下次出报，再看那壶里乾坤的原文罢。[直隶白话报 1905 第 1 卷（01）04]

（21）有时我瞧那四下里的风景，见有清幽入画的，便翻亚亭掏出手册铅笔，临摹下来，这船儿荡了一程，倒已得了好几

---

[23]悬挂在厅堂正中的大幅书画。本例句即为该词条的原始例句，出自《绣像小说》中的《老残游记》篇。

幅的风景画稿。[小说时报 1916（28）08]

例（19）—例（21）中，量词"幅"分别计量"字纸""报""画稿"。清末民初时期，由于"照相机"等外洋新鲜事物的传入，出现了新的名物词，此时的量词需要对新事物进行计量，就出现了量词"幅"用于称量"照片"的情况。例如：

（22）我画幅玛苏亚先生并他夫人的像，藏在一个篮子里，就说这篮子是在海滩得到的。[绣像小说 1904（33）03]

（23）子连见那边桌子上，有几本小册子，随意拿来一看，原来都是照片，多是摄影俄罗斯各都会的景致的，看不上五十幅，只听见门声一响，急忙抬头一看，只见从门外进来的，并不是男子，却是一位降凡仙女。[新小说 1903（40）24]

（24）申刻道华商公所，赴他们的茶会，大厅中间挂着一幅醇亲王的照，这几个董事，也请他留一个照。[绣像小说 1903（02）05]

（25）儿童智识初开，终日随着母亲，所见的无非是些烧香念佛，所闻的无非是些俗语村言，自幼儿脑子里，已印了一幅野蛮的照相，到将来怎么能够改变呢？[杭州白话报 1902 第 2 卷（09）03]

例（22）—例（35）中的"像""照片""照""照相"均是"相片"的意思。其中，例（23）中的"景致"都是"照片"所包含的内容，二者是转喻替代的关系。由此，下面几例中的

"幅"就很自然地与"晚景""布景""光景"等组配。

（26）萧鲁道："甚好！"说毕，两人就走，此时天色将暮，那一幅晚景，不但是画不出来，连说都说不出来了。[新民丛报1902（22）95]

（27）车站房屋用白石砌成，达而登直挺挺立在中间，旁边还有许多人走动，远远望去，活似一幅剧场中布景。[申报1915.09.15-14]

（28）祖宗千辛万苦、千艰万难的挣下一幅大好山河，一代一代传到我们这一代，原要我们也是一代代的传将下去。[竞业旬报1908（17）10]

（29）我们文明古国这句话，并不是妄自夸大，毫无实际，何以同人家比较起来，一而再，再而三，三而四的，失败到这幅光景，反落个半开化劣根性的头衔呢？[通俗杂志1915（02）07]

其中，例（26）和例（27）中，"幅"计量的名词均为自然景色；例（28）和例（29）中"幅"的泛化程度进一步加深，可称量抽象名词"山河""光景"。

2. 用于自然景物

（30）先生记得前儿咱们向美国兵船射水，竟像搬着一幅大瀑布来似的，便晓得这力量如何的了。[新小说1902（55）03]

（31）内支士左避右闪，进行甚迟，再走有一哩多路，忽

然竖起两幅大石壁，光如剑屑，水声铿鞳，如震霹雳。[新小说 1905（03）02]

（32）俄敦、武安两个，拟觅一低处登此壁顶，一览四面光景，无奈峭壁依然，路早尽了，那对岸却是一幅平原。[新民丛报 1902（06）79]

前文我们提到，量词"幅"可计量"风景"类名物词。上几例中的"瀑布""石壁""平原"，均为自然风景中的具体景物，可见白话报刊中量词"幅"计量对象的"范畴化"现象明显。

3. 其他类

（33）艾利斯奉派以后，还没起程，先行完婚，他妻子也很有学问，就一同前去，随身带了一幅印书机器。[北洋官报 1906（914）4]

（34）他暗想好一个骄傲女子，我总不信买他不动，就拿了这副镯子送他，他也知道这幅镯子所值不资。[新小说 1905（48）07]

（35）通济公司把晋矿全和福公司合股，说甚么合股，分明是作一幅嫁装赔送福公司就是了，还有脸说不失自办的宗旨。[第一晋话报 1906（07）38-39]

清末民初时期，处于古代汉语和现代汉语的交汇处，这一时期的字形使用混乱，彼此之间的借代关系较为突出，"幅"和

"副"就存在这种用法。因此，例（33）—例（35）中，与"机器""镯子""嫁装"三者搭配的量词"幅"应为"副"，表示成套的事物。

【版】

《说文·片部》："版，判也。"段玉裁注改为"片也"，后作"板"，木板的意思。由此引申为量词，用来称量报纸的版面或者书籍的版次等。

清末民初白话报刊中，量词"版"的称量对象和现代汉语相同，只与"书籍""报纸"等名词搭配，共出现73次。

（1）我们这个报，不能不铺张扬万，先声夺人，出版前后，至少须登他一两个月篇幅，至少须登半版，才显得我们亚非亚报的魄力。[小说画报1918（17）71]

（2）要宣布这语言文字，广告全界，开发的地处既多，往往隔得窎远，誊写决来不及，且非但要费个工夫，并担搁着时候，那就不能不用印刷物了，来得迅速，不拘正千正万，都在这一版做下，极其便利。[河南白话科学报1908（30）04]

（3）那种古文如今用不着他，什么班马什么韩柳，一概都是王八旦狗屁不通的，害得我从前看他文章花了三四点钟工夫，一版还看不清楚，连句读都点不清。[中国白话报1904（08）03]

例（1）和例（2）中的"版"的组配名词均为"报纸"，表示"报纸的板面";例（3）中的"版"则与"书页"组配。

【张】

《说文·弓部》:"张,施弓弦也。"本义是把弦崩在弓上,由此引申为量词,用来称量弓弩等。汉朝时期已经出现首例,经过长期发展,清末民初时期的白话报刊中,量词"张"称量对象的范围急剧扩张。

据统计,50种白话报刊中,量词"张"共出现2676次。

1. 计量可卷起或展开的物件

（1）那乌王大臣,便设法拍外国的马屁,求免罪魁,那乌男女便个个拿着一张另国的国旗充做顺民了。[新小说1902（36）38]

（2）从寺中走出甲乙丙三丐来,一丐手内取了一张破大的芦蓆,便在树底下慢慢约铺好了,随后三人盘膝鼎足而坐。[申报1913.09.26-10]

（3）士马忽听得外间有脚步声音,不觉又惊又怕,急忙推转仲达的身子,使他面对墙壁,又取一张毛毡来将他兜头盖住。[新小说1904（08）01]

（4）幸亏我学过航海,识得水性,不至溺死,就在水中游泅,后来气力用尽,只好浮在水面,随着波浪飘来飘去,好像一张竹叶落在水上的一样。[绣像小说1903（05）01]

（5）各国都把我们看透了,把我们看的如同一张大饼,一

块肥肉，一个黄沙馕儿的西瓜，你也要吃，我也要分，谁也不让谁。[吉林白话报 1907（18）05]

例（1）—例（5）中，量词"张"分别计量"国旗""芦蓆""毛毡""竹叶""饼"。"张"多用于称量具有"薄而平的事物"，类似的名词还有：床铺、膏药、海棠叶等。发展到现代汉语，"国旗""竹叶"等用法已消失。

量词"张"还可计量"纸质"类事物，例句如下：

（6）各样各业都有专门的一种报，每日一张，大家看了，既能够明白本国的事情，又能够明白各国的事情。[中国官音白话报 1898（5、6）5-6]

（7）夫人道："死了有甚么要紧，比死掉了还利害呢！"就拿出这张电报，给侯爵看，说是彭进打来的，侯爵打开一读，说是有人疑士兰老爷，在巴尔逊村放火，枪伤克德伯爵，凭据甚多，老爷不能辨解，已拉去西伯亚街监房，很即设法保救，侯爵读完，绝不惊慌，放这张电报在桌子上。[新小说 1903（77）33]

例（6）和例（7）中的"张"分别计量"报"和"电报"。清末民初时期，"电报"方兴未艾，从例句中可知，当时的"电报"也是需要打印为普通报纸，才可实现阅读功能的。从"报"到"电报"，可见当时选用量词的标准，依然是以中心语为第一考虑要素。

发展到现代汉语，随着现代科技的不断进步，"电报"这一事物经历了由盛转衰的变化，强盛时期"一份电报"的用法也不再使用。

（8）那隽美昂藏的仪容，忽然变着槁木死灰，头也垂下来，手也软下来，那一张捞什的信，也就轻轻的堕落地下。[小说时报 1916（27）08]

（9）冲天炮掏了一张西文片子给他，他也掏张西文片子给冲天炮，二人高谈阔论，讲了些时务，又细细一问，才知道在东京红叶馆会过面的。[绣像小说 1905（52）286]

（10）那日，巴先生的演说笔记，书坊店已经印了许多，我们也购买一张看看便了，走呵！走呵！[绣像小说 1904（19）01]

（11）王婆一看，惊得呆了半日，对朱三摇头道："我们不要去买了罢，我这条老命还要延几日不肯送哩！休得贪了一张月份牌[24]，反送了一条老命。"[申报 1908.02.26-12]

例（8）—例（11）中，量词"张"分别计量"信""片子""笔记""月份牌"。

2.计量有平面的事物

（12）陆小姐做一副万一色，一万开招，就等一张七万。[绣

---

〔24〕卡片式的单页年历，方言指日历。清代末年和民国初年以后，上海原有的小校场木版年画已逐渐被新崛起的"月份牌"画所取代，嬗变出上海年画史上一个新的历史时期。"月份牌"画成为中国年画史上异军突起的一个新品种。

像小说 1906（68）03]

（13）德烈就可趁这机会，偷过了那张铁桥，一直跑到那间破庙等候。[新小说 1903（40）18]

（14）谁料他说出来的话儿，好似曾受过什么刺激，来将身子斜倚着红木镶的一张大理石靠背上，懒待待的不走一步，无精打采。[小说画报 1918（15）54]

（15）那个穿呢袍子的钟养吾，顺手拉过一张骨牌杌子，紧靠烟榻坐下，听他二人谈天。[绣像小说 1904（18）91]

（16）申正去逛博物院，院主领着头，先瞧印度的兵刃头盔，还有一张全金的宝座。[绣像小说 1903（05）14]

（17）不到十二点钟，前面几张空桌，俱巳满了，不断还有人来，看坐儿的，也只是搬张短凳，在夹缝中安插。[绣像小说 1903（10）03]

（18）近侍就端了一张矮脚几，放在床上，放好笔墨，度宗写了一道旨意。[新小说 1904（04）15]

（19）欧露世约莫走了两丈多，还来到左边一间房子，开了门进去，原来是间餐房，中间放一张大餐台。[新小说 1902（38）08]

（20）萧鲁放下了炭，就把灯拿进右边房里，见房里摆了两张书架，满架上都是书。[新民丛报 1902（22）94]

（21）这位陈师爷，原来是个大瘾头，躺在一张银柜上面，

正在那里烧烟，不知不觉忽然睡着，嘴里的清水，淌得席子上都湿了一大块。[绣像小说 1904（37）1]

（22）公爵眼见得白菲儿已经来过了，一个身子就像着火的人，不由得向一张沙发上软坐下去。[申报 1915.05.21-14]

（23）那房分做前后两间，后便是卧房，前间当中摆着一张书案，书案对面挂着一张英文的俄国经营东方地图，书案左侧放着一张小小洋琴。[新小说 1902（54）15]

例（12）—例（23）中，量词"张"分别计量"麻将牌""铁桥""大理石""机子""宝座""短凳""矮脚几""餐台""书架""银柜""沙发""洋琴"。

显然，这些名物的主要功能体现在其"平而展"的表面部分。例如："麻将牌"的主要功能是"带字"的那一面，同样地，"铁桥"的主要作用是"支撑人或车辆通过"的"桥面"。余例类推，不再赘述。

3.计量可张开闭合的事物

（24）去年我忽然接了上海寄来的一包东西，打开看时，却是两方青田石的图书，刻上了我的名号，一张百折扇面，一面画的是没神没彩的两笔花卉，一面是写上几个怪字。[新小说 1905（25）02]

（25）小仁被他老子一句道着了破绽，倒不觉脸红起来，把手去袋里摸了半天，这才把那张帐摸了出来。[小说画报 1917

（06）103]

（26）既然是个人必须尚武，所以常中有一张弓，弓上一横可以当箭。[京话日报1904.12.9-4]

（27）店里所有的机器，却有六七张，都是从日本买来的，每张机上只须一人，每人每天可织毛巾三十余块，棉纱一包。[杭州白话报1902第2卷（06）01]

例（24）—例（27）中，量词"张"分别称量"百折扇面""帐""弓""机器"。

4.其他类

（28）茉莉儿眼中只有一张俊俏的面靡，一副斯文的身段，手中只有一只温温和和的手掌，耳中只有两句晚安晚安的声浪。[申报1915.06.12-14]

（29）他们也不知道他干甚么，只见一个东西里头，放出些光来，隐隐约约看见李梦拿着一张剑，把一个大牡蛎口撑开。[新小说1904（41）04]

（30）士鲁乃转过身来，仍然跑到茅屋的外面，从墙洞里偷观屋内的情状，只见室的墙上挂着一张羊油的铜灯，死人睡在地上，上身裸着，下身但有一条裤子。[小说画报1917（10）18]

例（27）—例（31）中，量词"张"分别计量"面靡""剑""铜灯"。其中，"张"计量"面"的用法，无论在古代汉语还是现代汉语中，均常见；例（29）中的"剑"和"张"的组配，可能是受到"弓"等武器的转喻泛化而来的；例（30）中计量"铜灯"的用法来源不明确，待考证。

【挂】

《说文·手部》："挂，画也。"后引申为量词，计量可悬挂的、成套、成串的东西。清末民初白话报刊中，用法与前代一致，无变化。

据统计，语料中量词"挂"共出现 12 次。略举几例：

（1）有一天来了一个人，买了几件鼻烟壶手镯之类，又买了一挂朝珠，还的价钱，实在内行。[新小说 1904（38）05]

（2）一个小孩子，披着头发，蹋着鞋皮，鼻子里拖了一挂鼻涕。[绣像小说 1905（55）04]

（3）陈老太太又叫人预先买下了一挂一万二千头的红鞭，在大门外照辟后面伺候着，等到陈观察父子的轿子出门，便劈力拍落的燃放起来，取个吉照之意。[小说画报 1917（1）116]

（4）玉枝说到这里，回头过去，将架上的葡萄，摘了一挂慢慢的嚼着。[小说画报 1918（18）40]

例（1）——例（4）中，量词"挂"分别计量"朝珠""鼻涕""红鞭""葡萄"，四者均表示成"串珠状"的名物，具备[＋垂悬]的语义特征，这类用法也是"挂"的典型用法，一直延续至现代汉语中。

（5）说着吴氏就收拾收拾，选了一挂双套飞车，赶进城去。

[绣像小说1903（11）05]

（6）午前见他们来有三挂车，一挂上坐的人，两挂载的子弹。[申报1914.09.29-10]

（7）管家送上茶来，他便接了一盏，双手送到郑星莱面前，倒起两挂眉毛道："老友不是委了乙县吗？打算几时荣行。"[申报1914.02.24-14]

例（5）—例（7）中的"双套飞车""子弹""眉毛"等名词与"挂"组配，因其具备［+成套］的语义特征。例如："双套飞车"直接表明了"飞车"的属性，"挂"称量"眉毛"表示眉毛的状态，也是"成套使用"，不可分割。

第二章

清末民初个体量词之非外形量词研究

汉语个体量词系统中，外形类量词最为典型。作为外形类量词的重要补充，非外形特征类量词在汉语中也扮演着不可或缺的角色。显然，非外形量词是指人们在观察事物时，并非通过直观地表述其外形来表示事物的"量"，而是在人类认知范畴内做出的对事物局部特征，抑或是与头脑中意象图式相关的迁移。

外形类个体量词强调事物的"整体外形"特征，而非外形类个体量词则侧重"事物局部"的焦点认知。

根据清末民初时期量词语源及其凸显特征的不同，我们将非外形特征类个体量词分为：替代型量词、凭借型量词、专指型量词三类。下文结合相关白话语料做共时的描写分析。

第一节 替代型个体量词

替代型个体量词就是用事物最具显著性的局部来代指事物的整体。据统计，清末民初时期白话报刊中，替代型量词主要有：头、口、本、柄、派、端等 6 个，下文分述。

据统计，清末民初白话报刊中，量词"头"共出现 233 次。

【头】

《说文·页部》："头，首也。"本义是头脑的总称。"头"做量词的时代很早，早在上古文献中已有相关用例，用来计量"头部特征明显的动物"。由上古发展到中古直到清末民初时期，量词"头"的称量对象整体呈现增加趋势。

据统计，清末民初白话报刊中，量词"头"共出现 262 次。

1. 计量动物类

（1）第五条：可以送入会的东西合数目……家禽两只，家畜一头，这一类的东西，过了会照旧退还。[河南白话科学报 1908（15）04]

（2）这些人简直都是杀人不眨眼的恶汉，那里有甚么人心，如今多分是又想把吾投到甚么河中了，生生的溺死吾，只当是溺死一头小猫呢。[小说时报 1916（27）23]

（3）爵兴道："这个法子，只要贤侄多破费一头牛、一腔羊、

一口猪，以后便万事皆妥，不知贤侄肯么？"[新小说1905（72）09]

上3例中，量词"头"分别计量"家畜""猫""羊"，为家畜类。类似的名词还有：狗、鸡、猪、肥鸭、牛、驴、牲口、骡马等。

（4）可怜那蚕儿偏又不会说话，又不会跑开，兄弟姊妹搅在一个匾里头，你叠我我叠你，那一头在底下吃叶，那头在他头上撒小便，那一头在底下睡觉，那一些又在他背上撒大便，你想他苦不苦呢！[中国白话报1903（01）33-36]

（5）伊那枯瘪冻僵的右手指捏着引针，好似捉了一头飞虫，时时恐防他脱身飞去的一般。[小说时报1922（01）1]

例（4）—例（5）中，量词"头"分别计量形体较小的"蚕""飞虫"，这类用法在现代汉语中已不再使用。类似的名词再如：蜘蛛、蝴蝶、蚊子等。

（6）我是个毫没希望的乞儿，孑然一身，倒象是一头孤鸟，绕树三匝，无枝可依。[小说时报1917（32）02]

（7）有一个图上面画一头蝙蝠，两翼有毛无羽，足足有三丈宽。[中国白话报1903（04）11]

（8）直至翌日傍晚，才把那二十余头海豹煮毕，共得数斤清油，各人遂了心愿。[新民丛报1902（15）79]

例（6）—例（8）中，量词"头"分别计量"鸟""蝙蝠"

"海豹"。其中，前二者具备飞翔能力的动物，后者为水里游的动物。类似的名词还有：燕子、红雀、黄蜂、海豚、青蛙、海马、大鱼、水鸭子、鳄鱼等。

量词"头"计量"水里游"的动物在历史上很少有用例，但是在清末民初白话报刊中，出现了较多例句，说明这一时期汉语量词的组配规律相对其他时期来说要相对宽泛。

（9）俄敦便率各人往那灌木丛中，拿了许多杂草，塞进穴内，纵火燃着，无几有十余头狡兔，自穴中冒烟而出。[新民丛报1902（13）87]

（10）有一遭我去打猎，弹已用完了，不意碰见了一头雄鹿，这头鹿瞪了眼珠注视我的脸，露出毫不介意的形状，仿佛是笑我弹已用尽。[少年1911（05）11]

（11）骆驼这东西，最可怜见的……饿了吃他的肉，渴了喝他的血，一天杀一头，可怜一群骆驼，眼睁睁的对着他杀，只为不是杀了自己。[安徽俗话报1904（12）31]

上3例为其他类动物，量词"头"分别与"狡兔""雄鹿""骆驼"组配。类似的名词还有：鼹鼠、猴子、驼马等。

（12）俺面前有一群犬在着，再前边一百步远近地方，又有一样茑色的东西，在那里动，原来正是一头狐。[绣像小说1906（72）10]

（13）鸵鸟虽然有翼，却不能飞翔天空，惟走起来，比马还

快，他那两足的气力，实在不小，一脚踢去，能击死一头豹。[少年 1911（07）15]

（14）有英国马戏商人白塞克，带着印度人十六名，象三头，大小马十七匹，豹二只，狮子二只，小狼三条，大小猴儿十数个，全都运往天桥坛墙根，预备开演马戏。[京话日报 1914.08.12-4]

例（12）—例（14）中，量词"头"计量"野兽"类，分别与"狐""豹""象"。这样的名词再如：狼、老虎等。发展到现代汉语中，此类用法已经基本消失，取而代之的为"一匹狼""一只老虎"等。

2.计量与"人头"有关的事物

（15）瑞福此时依然是那一头拳曲的头发，满嘴倒卷的胡子，终日里闭着一双眼睛，越发的像那大花园里的铜人儿了。[新小说 1905（14）09]

（16）那年老的溃勇，看了不磨这样大大方方，到吓了一头冷汗，倒退了几步。[绣像小说 1903（07）02]

（17）屋子当中桌子后边，坐着一个没头发的老太太，三根半毛儿，梳了一个苏州俏，簪子棒子，戴了一头，两鬓上，粘着两贴青缎膏药。[京话日报 1918.01.06-6]

（18）这一天船到了埠头，弗伦高高兴兴的换了一身簇新的衣服，戴上一头极时式的呢帽，自己看着自己，十分得意。[申

报 1907.10.13—18]

上 4 例中，量词"头"的这类用法为"附着类"，即例（15）—例（18）中的"头发""冷汗""簪子棒子""呢帽"均为"附着"在头上的物品。类似的名词还有：水、灰、汗珠、蛛网等。

3.计量事情，犹"件"

（19）那船上的伙计来了，这才理篙解缆，慢慢离开码头，二人放下一头心事。[绣像小说 1905（41）03]

（20）彼此只图得一个现在银钱狠多，势头狠旺，可以钻营的路道很广，就急急的攀附了一头亲，只顾目前，不顾日后。[杭州白话报 1902（28）14]

"在明清时期，由于量词的种类不断增多，分工不断细化，很多量词开始具有专门的功能，与量词'头'所搭配的名词的范围也不断缩小。其所计量的对象只局限于一些体型较大的兽类，偶尔也出现计量事件的情况。"[25]上二例中的"心事""亲"均为量词"头"的"事情"类指称用法，这类用法数量较少，以"亲事"为主。类似的还有：亲事、姻缘、婚事。

【口】

《说文·口部》："人所以言食也。"本义是人体器官，引申为

---

〔25〕王艳.量词"头"的语法化 [J].汉字文化，2020（23）：13—15.

量词，先秦文献中已见，清末民初时期沿用，其计量范围明显扩大，详述如下。

据统计，清末民初白话报刊中，量词"口"共出现 1637 次。

1. 计量人与动物

（1）为的上户捐，所以家有十口只写五口，家有五口只写三两口，甚至于有一口也不写的。[吉林通俗教育讲演稿 1916（08）17]

（2）丹徒县的乡民，受了差役一肚子的气，还不算，又被那防勇拿洋枪打死了娘儿们一口子，捉了去几个人。[直隶白话报 1905 第 1 卷（03）10]

例（1）和例（2）中，量词"口"计量的名词分别为"人口""娘儿们"，通过句义可知，这里的"口"搭配的名词为中性词。

（3）为今之计，不如马上登一个招寻祖宗的广告，用方子方孙的名义，说今有祖宗一口，姓甚名谁，面貌如何，多少年纪，于某月某日在某处走失。[小说画报 1917（04）132]

（4）钱贡生的妻子周氏夫人，本是一口长斋[26]，奉行诸善的。[绣像小说 1905（53）01]

上 2 例中，量词"口"分别计量"祖宗""长斋"，其组配

---

〔26〕长期遵守过午不食的持戒者。

对象表示褒义的感情色彩。

在我们统计的语料中，同样也发现了"口"表示贬义的例句，略举二例：

（5）昨天由外城总厅，又移送不愿为娼妓女两口，当由济良所填付回照，留所择配。[京话日报 1906.04.15-4]

（6）我就把那撕破的契据，细细的粘补起来，那上面写的是：立卖婢契人黎景翼，今将婢女秋菊一口，年十九岁，凭中卖与阿七妈为女，当收身价洋二百元。[新小说 1905（199）02]

上二例中，量词"口"分别计量"娼妓女""婢女"，感情色彩上含贬义。

王绍新认为："量词'口'量人，一般不用于有编制的人员、军队，而是用于百姓。[27]"通过上面几例称量"人"的对象来看，清末民初量词"口"的称量对象均为普通百姓，并无感情色彩的区分，可褒可贬可中性，发展到现代汉语中，仅剩表示中性的用法。

白话报刊中，量词"口"计量"动物"例较少，如：

（7）凡三里五里的人，来看热闹的，帮忙的，跑道的，都是要供给他，别的不用，猪是要宰一两口的，尔说这种浪费，可惜不可惜。[海城白话演说报 1906（1、2）40]

---

〔27〕王绍新.隋唐五代量词研究[M].北京：商务印书馆，2018：117.

（8）俺听罢将军的言，早已扑的飞身上马，驱驾着这口珍奇的骏品。[绣像小说 1906（72）03]

（9）将军随引导俺出了营门之外，传命猎兵，牵出一口高头骏马，俺看看，当真那马是个世间稀有的神驹！[绣像小说 1906（72）03]

（10）将军又指那马道："这是咱军中第一口良马，名叫濮特格罗，就请今晚从侧面哨兵队里骑了出去。"[绣像小说 1906（72）03]

例（7）—例（10）中，量词"口"分别计量"猪""马"。其中，"马"的高频使用，可能和吴方言有关。

2.计量器物

（11）望东听晋作一番忠肝义胆的说话，触动他的热心，便点头不住的赞叹，晋作有爱国的心肠，又送晋作新衣一口，以壮行色。[杭州白话报 1902 第 2 卷（2）04]

（12）约西无意中抬头一望，只见路旁一座高塔，塔尖一口大自鸣钟，正打了子时一点。[绣像小说 1905（43）62]

上两例中，量词"口"计量"新衣""自鸣钟"，为其量词的特殊用法，现代汉语中，这种用法已经消失。

（13）他在庙内存着一口寿木。[大公报 1904.02.09-03]

（14）幸亏隔壁有一位棺材匠，看马氏光景极苦，料理又没有人，因将一口小棺材借他。[杭州白话报 1902 第 2 卷（09）

07]

（15）王后常常带我出来游玩，在先我住的木柜子，不很灵便，他又叫工匠另外做一口小些的，专备为我出门好用。[绣像小说 1905（56）47]

（16）不多一时，那老年姑子也接了来，带了一口小皮箱，一只竹篮。[新小说 1905（152）08]

（17）教友们把那些地穴掏宽了一些，又在里头掏了一口屋子，当小堂死了，教友就把他埋在穴两边。[公教白话报 1914第 2 卷（15）228]

例（13）中的"寿木"为例（14）的原料，这也正说明了：汉语量词计量对象扩展的重要途径之一就是转喻；例（15）—例（17）中，"口"分别计量带有"开口"的物件，比如："木柜子""皮箱""屋子"等。

类似的名词在白话报刊中还有衣橱等。不难发现，以上诸例中的名词均为"口"可开闭类名物，且其多数情况下具备"四面封闭"的特征。当然，清末民初白话报刊中，"口"还可计量"敞开大口"的物件，如下：

（18）都说圣水最干净，煮肉不化，这天被丞相李德裕听见，命人抬了一口大锅，就安在集市上，把圣水盛了一锅。[官话注音字母报 1918（39）40-41]

（19）老道士大呼妖魔逃到那里去，坛下先摆了一口大空

坛，将剑尖向坛口一指，喝声拿到。[绣像小说 1905（52）04]

（20）女家又逼着男家糊了一口纸水缸，出殡的时候两个小姑子合棺材里抬着走。[京话日报 1906.07.28-4]

（21）这巴颜喀布山就在西边青海地方，这地方有两口大池子，一个叫做鄂灵，一个叫做查灵。[中国白话报 1903（03）15]

例（18）—例（21）中，量词"口"分别计量"锅""空坛""水缸""池子"。这种用法延续至现代汉语中，其使用频次依然较高。

量词"口"称量"武器"类始于魏晋时期的"刀"[28]，直到清末民初时期沿用。我们推测，极有可能是从"一口宝剑"等计量武器类名词泛化而来，进而扩展到"烟枪"等事物。

（22）忽见一个少年人走来，头戴满帽，脚踏皂靴，腰间挂刀一口，年纪不满三十，面目奸猾。[中国白话报 1904（21-24 合期）100]

（23）到西历七百五十年以后，回教的老祖拿着一把刀，背着一口剑，口称奉天命平定世界，便攻入印度，奏凯而归。[杭州白话报 1902 第 2 卷（23）15]

（24）武安等查验小艇，把破损地方，逐处修整，又将胥罗船所用的三角帆，配置恰好，带了两口长枪，三口短枪，硝药

---

〔28〕刘世儒.魏晋南北朝量词研究 [M].北京：中华书局，1965：89.

若干，毛布数张。[新民丛报 1902（15）82]

（25）政府看改革党办这件事，有似儿戏，说亚卑涅是改革党中一个极要紧的人，挺身出来救他的，只得遮阿里辅一个，又拿着一口洋枪，一张小刀子，就想去劫狱。[新小说 1903（79）07]

（26）淑姑觉得诧异，又不知怎地，打从船顶飞下两把刀，两个人肩头各挂一口弹弓杀强盗。[小说画报 1918（13）172]

例（22）—例（26）中，量词"口"分别计量"挂刀""剑""枪""弹弓"等具有杀伤性的器具，这也证明了"口"在清末民初时期泛化程度较深。

3. 计量与"嘴"有关的东西或话语

（27）招我们厌恶的，定是雌蚊，不是雄蚊，雌蚊吃饱了血，临去之时，还要满满的射了一口毒液，然后飞去。[少年 1913 第 3 卷（03）18]

（28）这会子打他一个还风阵，只算替咱老子自己出一口子恶气罢呢！[申报 1913.09.21-10]

（29）若遇见了日本国的人，他必要和他谈及这桩事情，他这一口怨气，还时时记在心上呢！[无锡白话报 1898（01）04]

例（27）中以"口"计量"毒液"的量；例（28）和例（29）中，"恶气""怨气"为抽象名词，这一用法沿用至现代汉语。

"口"作为呼吸的重要部位，可计量通过其的"气体"类事物，例如：

（30）老三道："我刚抽了几口，还是你先烧罢！"原来老三是要吃热枪的，第一口冷枪，白费了许多烟，不能过瘾。[绣像小说1903（07）01]

（31）陆仓就拉开一张白木做的椅子坐下，在身上拿出一口雪茄烟，点火唧着。[新小说1904（44）03]

（32）陈膏芝叫人捧着烟盘，打上几口烟，一递一筒的吃了五六口，又让了钱庄上来的人一口，那来人看见三四支烟枪，赞说是好。[新小说1905（220）10]

（33）众位呀！这总办贾维新，他有一口烟瘾，每天午后四点钟才起来。[大公报1903.09.22-03]

例（30）中的"烟枪"应为"枪"转喻而来，二者具有外形上的象似性；例（31）和例（32）中的"雪茄烟"和"盘烟"均为"口"所计量之物；例（33）的"烟瘾"与"口"组配，已经是"口"继续泛化，计量抽象事物的用法了。

"口"还可以计量例（34）和例（35）中的"络腮胡子"和"长髯"等"胡须类"名词，这是转喻泛化的结果。

（34）助摩祖道："是贵家妇人的马夫，一口络腮胡子，长的狠可怕呢！"[新民丛报1906第3卷（24）109]

（35）那为头的强人，一口长髯，头上打着英雄毂，穿件黑

呢短袄，黑呢箭裤。[绣像小说 1905（50）03]

白话报刊中，"口"还可以计量"牙齿"，如下例：

（36）他是个高等的法国妇人，一个锁着鼻孔，肌肉好似猪肝色的，张着只嘴，露出一口黄牙。[小说林 1907（03）29]

称量对象"牙齿"继续泛化，抽象为表示"口"的另一重要功用，即话语表达。

（37）哀尔司玛对霍华得看了一眼，笑道："杰密，难为你有这一口伶牙俐齿，佩服佩服！"[小说时报 1914（23）02]

（38）那长挑身材小白脸儿，年纪约二十四五岁，镶一颗金牙齿的是曹云绮，本是世家子弟，唱得一口好青衫[29]，所以常常在戏馆里串戏。[小说画报 1917（04）98]

上二例中，量词"口"分别计量"伶牙俐齿"和"青衫"，意指能说会道和唱功不凡。

（39）那方丈老和尚，见他是个外省人，一口好官话，就留住他，屈他做个知客。[新小说 1905（149）05]

（40）众人乱了一阵，才听见陈铁血开口，一口的杭州土白，他说得越清楚，大众听得越糊涂。[绣像小说 1904（18）02]

（41）这番到这酒店来，是扮的一个意国侍役模样，讲的一

---

〔29〕京剧中的正旦。

口意大利语言，居然把他们瞒过了。[大公报 1917.08.26-09]

例（39）—例（41）中，"口"计量"话语种类"，如"官话""杭州土白""意大利语言"。

【本】

《说文·本部》："木下曰本。"本义是草木的根，由此引申为量词，先秦两汉文献已见。清末民初白话报刊中，量词"本"的称量对象以"书面"类事物为主，较之前代，其使用范围有所缩小。

据统计，清末民初白话报刊中，"本"共出现 326 次。

1. 计量书报类事物

（1）春明无事，携着一本桃花扇传奇，消消积闷，内中所谱的都是些亡国的衰音，所记的都是些明末的遗事。[杭州白话报 1902 第 2 卷（17）1]

（2）回教礼拜寺，来了一个日本人，进门就要讲说回经，回国就递给了他一本经。[京话日报 1905.08.05-1]

（3）不妨到上海文明商务两书局里头看看，里头好的课本很多，包管你所怕的康梁邪说一本都没有。[中国白话报 1904（9）08]

上 3 例中，量词"本"分别计量"小说""经书""课本"等"书本"类，这一用法也是现代汉语中最常用的、使用频次最多的。

（4）本国各埠商务情形，货物细数，一切事宜，按月按季按年，详详细细，造一本册，或是一道表，送给正卿瞧。[绣像小说 1904（23）51]

（5）有一天，主人翁不知何事，把身体弄倦了，仰睡在光油油竹榻上，手里捧着一本仇十洲工笔册页，在那里发痴。[竞业旬报 1908（34）58]

（6）继之道："你走了这一次，辛苦了，我给你一样东西开开心。"说罢在抽屉里取出一本极旧极残的本子来，这本子只有两三页，上面浓圈密点的，是一本词稿。[新小说 1905（9）215]

（7）我母亲取出一本帐簿来道："这是运灵柩回来的时候，你伯父给我的帐，你且看看，是些甚么开销。"我拿过来一看，就是张鼎臣交出来的，盘店那一本帐，内中一柱一柱列的很是清楚。[新小说 1905（52）03]

（8）洋人嘉导理，同他的参赞广开甲来见，送了一本育材书社的章程。[绣像小说 1903（2）4]

（9）第十一条：本条约日俄两军，各存一本，画押盖印后，就照此办理。[京话日报 1905.01.08-3]

例（4）—例（9）中，与"本"组配的名词分别为"册""册页""词稿""帐簿""章程""条约"，此类名物均为"稿册"类形式。

（10）我前日得着一本日本的外交时报，翻开一看，猛然间瞧着一幅奇形怪状的图，不觉的叫我，笑一回，哭一回，痛一回，恨一回。[杭州白话报 1902 第 2 卷（21）1]

（11）我们这个报，意在要个个人看得到，不是趁钱的，所以价钱也狠公道，现在第一册，只要二十个钱，以后每月一本，只要十个大钱，定全年十二本，格外便宜。[江苏白话报 1904（01）06]

（12）黄通理两个儿子同在书房玩要，书房内桌上，摆着黄祸送来的一本决科卷子。[新小说 1905（107）05]

（13）可笑这第三场的卷子，十本有九本是空策，只因头场的八股荐了，这个就是空策，也只得荐在里面，我有心要拣一本好策，却只没有好的。[新小说 1905（266）02]

例（10）—例（13）中，"本"计量的对象为"报纸""卷子"，这类用法承古而来。

清末民初时期，正处于社会新旧交替的界点，因此旧事物还并未完全退出汉语词汇。例如：

（14）李某顶帽袍褂南面坐，手持圣谕一本，高声宣讲。[竞业旬报 1908（26）49]

（15）北京来信说，京里有一个大官，因为赔款要四百五十兆的多，便上一本折子，请朝廷抽收人税，议和大臣李鸿章。[杭州白话报 1901（1）2]

（16）嘉龙也没法了，后来他就拜了一本密折，折上说是要求国的富足，实没别法，惟有照从前的旧法。[中国官音白话报1898（5、6）08]

从例（14）—例（16）的时间来看，均处于清末，"圣喻""折子""密折"等反映时代特点的事物并未消失。因此，此类量名搭配在清末时期继续沿用。

2. 计量戏剧

清代是中华戏曲的大发展、大繁荣阶段，这一时期的戏曲为便于流传，多以"剧本"的形式存在。例如：

（17）我不但日日要他们唱，而且想他们邀几位朋友，做些五颜六色的衣裳，聚些锣鼓儿，把只亡国恨，编成一本戏文。[杭州白话报1902第2卷（21）1]

（18）我处了这种境界，心中的一本剧本，便打成了个粉碎，再也缀合不来。[小说时报1916（28）03]

（19）席间每来一个客，便跳一回加官，后面来了女客，又跳女加冠，好好的一本戏，却被那跳加官占去了时候不少。[新小说1905（266）11]

（20）列位，我敢说一句自信的话，我们演这本大悲剧，现在第一幕已经演毕。[申报1915.08.15-14]

例（17）和例（18）中，"本"与"戏文""剧本"组配，二者均为"纸质类"事物；例（19）和例（20）中的"戏""大悲剧"已经由"纸本"事物转喻计量"戏"的内容本身,脱离了其"载体"的束缚,"本"的称量对象进一步泛化。

下几例的称量情况,由"本"的本意引申而来。可能受"日语"的影响,日语中指"植物、细长或棍状的东西[30]",如"火柴、柱子、酒瓶"等。

(21)众人闻着气味两样,便问是什么烟,黄子文说道:"名目叫做菊世界,是日本东京的土产,每盒四十本日本人的一本,就是中国人的一支。"[绣像小说1904(19)02]

(22)树不可听其自然生长,过密则生殖不繁,过高助枝叶必疏,最好每丛择最壮最直的,留下一本,余尽除去。[实业浅说1915(27)3]

(23)蓼蓝的种类甚多,有青茎小千本,赤茎小千本。[奉天通俗教育讲演录1916(12)82]

【柄】

《说文·木部》:"柄,柯也。"本义是指斧子的把儿,由此引申为量词。魏晋南北朝时期,只能称量扇子,在唐代获得了进一步的发展。

据统计,50种白话报刊中,量词"柄"的频次为166次。

清末民初时期,"柄"的称量范围较之前代扩大,可称量几

---

〔30〕吴丽,刘世琴,姚慧敏编著.日语数量词大全[M].北京:外语教学与研究出版社,2016:282.

乎所有带柄状物。例如：

（1）皇上赏赐他的物件极多，还有折扇两柄，听说上面的画，都是皇太后的御笔。[无锡白话报 1898（02）04]

（2）太后最喜万民伞，可赶紧办来孝敬，张便把各营各兵姓名，定绣了大红缎伞四柄，在万寿前进呈。[杭州白话报 1902 第 2 卷（07）02]

（3）老夫此时偏要相信周瑟夫，却不相信足下……说着又故意在炕上，拿过那柄蝇拂子，向身边挥了一挥。[小说时报 1922（04）02]

（4）这位官客一里圆狐袍儿，足登粉底乌靴，捧着一柄水烟袋。[大共和日报 1914.12.18]

（5）琴子眼角一睄，突然见傍边安着两个菜碟，和那酒杯，火炉傍边，又有一柄酒鳖[31]，还有三弦一把。[东方杂志 1906（03）06]

（6）老王吓得不寒而栗，颤巍巍的手，拿着一柄快剪子，剪尖子，几乎撞到一个美人儿脸上去。[小说时报 1922（01）02]

（7）有个女子手拿一柄铁锄，弯着腰，使劲儿在那里挖掘漆黑的焦土。[绣像小说 1904（33）16]

---

〔31〕古酒器名，革制。

例（1）—例（7）中，量词"柄"分别计量"折扇""红缎伞""蝇拂子""水烟袋""酒鳖""剪子""铁锄"，此类日常生活类名词的"长柄"形特征较为突出。

"柄"还可称量"兵器"类名物，例如：

（8）忽然船窗上訇砰一声，嵌的琉璃碎为粉，一柄雪白的匕首从窗格中直射进来，不偏不倚适中那匪首的咽喉。[申报1914.06.29-14]

（9）忽见方才所赶的大熊，又望头上扑来，欲待取黄钺来砍，那晓一柄大钺，已不知所在，不觉骇汗直流。[小说月报1907（02）42]

（10）杜番等四人捡了长枪两枝、连发短枪四枝、斧二柄、弹药若干、渔具数事、定南针一个、毛布数张，又带了树胶造的舢板，及好些食物。[新民丛报1904（临时增刊）814]

（11）龙孟华听得这句话，站起来把板壁上一柄卫生枪揣在怀里，大声说道："我誓不与这淫妇共戴天日！"[绣像小说1904（28）03]

类似的名词还有：团扇、油纸伞、木梳、镜子、拐杖、尖刀、佩刀、钢铁剑、象牙、如意、博浪锥。

【派】

《说文·水部》："派，别水也。"表示"江河的支流"义。后用作量词，在隋唐五代文献中已见，计量的事物也都具备"长条

125

形"特征。到了清末民初时期，量词"派"进一步语法化，与其组配的称量对象进一步抽象化。

据统计，清末民初白话报刊中，量词"派"共出现489次。

1. 计量人、物的状态

（1）他们先晓晓不休，反觉无从插口，转念听他们的言论口气，也都是一派倚赖性质，未必能干得甚事。[新小说1905（50）06]

（2）至于上司的太太、姨太太，或是生日，或是养儿子，他们还要巴结送礼，自己不能亲到，那四六信，总是一派的臭恭惟。[绣像小说1904（26）154]

（3）他父亲，是个极粗暴卑陋的人，见了农夫，就要鞭挞，见了乡民，就要欺侮，一派残虐的行为，自己却甚为得意。[绣像小说1904（32）07]

（4）戏园子要是没有女角，简直的没人聪去，女角扮花旦的，形容出来的神景，非常的淫亵，不能说的话，满嘴里说的极滑溜，那一派神景，实在是难以入目，那一派淫荡的话，实在是难以入耳，那知道单有一派人，专好看这个，专好听这个个，叫好之声，连连不断。[大公报1904.08.24-03]

（5）令郎这个八字，是好极的了，况且煞印兼全，将来一定是功名显达，十六岁便可进学，二十岁以里，就能中进士，拉翰林，以下一派好运，官居极品，禄享万钟。[绣像小说

1905（42）02]

例（1）—例（5）中，"派"分别计量"性质""恭惟""行为""景""话""好运"。类似的可与量词"派"组配的名词再如：态度、神情、气象、凄凉、牢骚、新精神等。

2.计量人或事物的流别

鲁六（2014）认为："既然一个派别的人可以称'派'，那么这些人所展现的风度当然也可用'派'指称，用认知语言学的术语讲，这就是转喻。"[32]例证如下：

（6）上面所说的香烛店、锡箔店、元宝店、冥洋店、纸扎店、素仪店、木鱼店、佛像店、神盏店等类，一派全是鬼店，卖鬼货，这难怪中国人要做穷鬼了。[杭州白话报1903（07）15]

（7）街头上有一派王孙公子老爷少爷们，阔其衣服，大其眼孔，面上现几道毫光，手上沾一层黄滞，摇摇摆摆。[竞业旬报1907（10）02]

3.计量物，犹"片"

（8）那黄河的水，自然大起来了，因从甘肃起，过山西、陕西，到直隶湾为止，这一派地，都做了水灾。[安徽白话报1909（05）28]

---

[32]鲁六.量词"派"的语义认知基础考察[J].殷都学刊，2014，35（04）:85-87.

（9）乡下人的屋，没有院子，门前一片空场，便当作院子，空场南面，一派竹林，春天生出笋来，也是绝好一宗利息。[绣像小说1904（16）01]

（10）只听得呀的一声，两扇密室的门，一齐开了，那侍者一留烟走了出来，接着，一阵钗钏的声音，一派麝兰的香气，两个少年女子，从门内慢慢的款步出来。[申报1909.11.17-27]

（11）我拔出刀鞘，明晃晃的抢在手内，指东画西，便乱舞起来，一派白光，直射到三人眼帘里去。[小说时报1913（20）17]

例（8）—例（11）中，量词"派"分别称量"地""竹林""香气""白光"，其均为具体名词。

量词"派"还可与"语言"类名词组配，这一用法沿用至现代汉语中。例如：

（12）外面龙李二人尚在饮酒，所谈的无非是中国百姓如何苦恼，官场如何作恶，一派忠君爱国的话。[绣像小说1904（21）03]

（13）灵芝怔怔的听着，那头直低到胸前，心里又感激又佩服，听他一派光明磊落的话，倒把自己的儿女私情消化了好些。[小说画报1918（17）133]

【端】

《礼记·礼运》："故人者，天地之心也，五行之端也。"量词"端"是根据其"端头"的意思演变来的，用作量词始于魏晋南北朝时期。到了清末民初时期，主要用于称量事件等，犹"件""条"。据王绍新（2018）考察，"端"量事情、事件缘于"端点、起始"义。[33]

据统计，清末民初白话报刊中，量词共出现232次。这一时期已经无"端"做度量衡量词的用例，古代"端"为二十尺。例如：

（1）若论他们的罪状，盖有四端，颠倒是非，一也；贻误封疆，二也；徇庇私党，三也；仇视公论，四也。[大公报1903.11.16-03]

上例为文言例，也说明该量词从文言到白话的适应期，随后在现代汉语中已消亡。

（2）我想通商的利有数端，一则以有易无；二则可以知道各国的新法；三则可以招致些客民来。[绣像小说1905（52）04]

（3）这几端都是吾所百思不得其解的，哈瑙特庄容说道："唉，不但是这几端，还有那锦垫咧，纸片咧，矾土瓶咧，连吾

---

〔33〕王绍新.隋唐五代量词研究 [M].北京：商务印书馆，2018：51.

也不甚明白，怎能奉告。"[小说时报 1916（26）43]

（4）闻新署绥芬厅李畅如司马，自履任后以该处政治积习过深，亟须整顿，而钱法、警察、学务、监狱四端，尤为当今要图。[吉林白话报 1907（68）06]

（5）除上所说的那三端以外，还有能使气温变化其分布复杂的道理，是甚么呢？就是气流和海流等。[北直农话报 1906（13）15]

（6）法士开口回言道："提起这成亲事一端，第一条，你得求释放我不要娶个小丫环；第二条，我要好陪送多带着一些银子钱，若要是两条都妥当，咱两个成亲不费难。"[公教白话报 1914 第 2 卷（04）63]

（7）贫贱的人，身发多一败涂地，纵有种种的原因，这也可算得一端了。[女子世界 1904（08）12]

例（2）—例（7）中，量词"端"均可替换为"种""类"。发展到现代汉语，这种用法已经消失。

第二节　凭借型个体量词

非外形类量词的第二类是凭借型量词，即根据动作或物体所凭借的工具、处所、时间来显示其特点，这主要是依赖于事物之间的相依性。人们认知的深化和语言发展的需要，致使一部分表处所、工具的名词具有了语法化为量词的条件，并发展成为可以称量相关事物的专用量词。

清末民初白话报刊中，我们主要介绍"场""所""顶""家""盏""纸"这 6 个。下文分别论述。

【场】

《说文·土部》："场，祭神道也。"本义是祭祀用的地方，之后泛指场地，引申为量词。

据统计，清末民初白话报刊中，量词"场"共出现 1224 次。

1. 计量天气

（1）猛听得大喊一声，急忙跑来，见许多人同着李兰操，在那里指东画西，欢喜无限，正如六七月大旱的时节，得了一场霖雨一般。[新小说 1902（09）05]

（2）枝上结的果子，挤丫丫儿的很稠密，那叶子也是很绿的，偶然间一场臭雾，那果子三五日就落个，干干净净。[北直农话报 1905（4）8]

2. 计量疾病、灾荒

（3）不要说有了病，要求一个对症的方儿是为难，便是拿了他一个方儿，要生一场对药的病，也是不容易的。[小说林 1907（07）40-41]

（4）光绪二十八年，咱们直隶那一场瘟疫，我们乡下人传

染的很少。[大公报 1911.02.08-5]

（5）印度巴依哈普地方，受了一场大大的水灾，一切物产，尽行掩没。[竞业旬报 1908（31）52]

例（3）—例（5）中，量词"场"分别计量"病""瘟疫""水灾"。

3.计量战争

（6）如今两边动了干戈，这一场的兵祸，总不是一年半载可以了结。[中国白话报 1904（14）03]

（7）美国从前因为除这奴隶制度，起了一场南北花旗的战争，此后才把那平等自由合众国大名号，标在那万国史上。[第一晋话报 1906（4）49]

（8）东路鸭绿江以北，安东九连城等处，西路营口大石桥等处，每路都有好几万兵防备，日本进攻大约不久，这两路都有一场大战。[安徽俗话报 1904（02）12]

4.计量言语行为和文娱活动

（9）这一场说话，竟把龙盂华驳得钝口无言，满肚皮的火气，登时都消个干净。[绣像小说 1904（28）03]

（10）褚夫人不免还要把女婿埋怨几句，一场口舌虽然褚中丞劝解开了，大家心上，究竟都有些芥蒂的心肠。[申报 1910.04.26-27]

（11）纳佛尔道："我亲爱的朋友，为了这一场争论，我可

不能早到咧！今天你们可是弄一场决斗来顽顽么？"[小说时报 1916（28）21]

（12）那雕木来做假，被旁人当一场笑话，急难时身躯软懊，顾不得阿爷阿妈死和活。[竞业旬报 1908（34）48]

上四例中，"场"分别与"说话""口舌""争论""笑话"组配。文娱活动也需要一定的场所进行，"场"称量例如下：

（13）在下是一个江苏人，与我身上可称无丝毫的关系，看着诸公你鹬我蚌，此蛮彼触，鏖战得难解难分，委实是一场好戏剧呀！[竞业旬报 1908（21）41]

（14）每人赏赐一件黄缎龙袍，五百杆打猎的火枪（比义和团怎样）要想取胜英人，哈哈！这样的胡作非为，又献出了一场儿戏呦！[京话日报 1906.01.18-6]

（15）一传十，十传百，彼此的勉励，发旧起来以后，都知道爱群自立，力图振作，我们中国还愁强盛不起来么？那也不辜负我们今天这一场的盛会呀！[敝帚千金 1906（19）32]

（16）开吊这日，只有一场经忏，门前的丧亭、吹鼓亭、灯彩天篷，一些儿没得，冷冷清清，很不成个样子。[新小说 1905（9）219]

（17）我又差人去唤惠老大、彭老四，横竖初生和慰人赌兴很好，索性送他们一场扑克，说着看鸳文笺上写的，一手搭在肩上高声朗诵起来。[小说画报 1918（17）181]

例（13）—例（17）中，"场"分别计量"争吵""儿戏""盛会""经忏"等。

5. 计量抽象事物

（18）两人一路问到我父亲的店里，那知我父亲已经先一个时辰咽了气了，一场痛苦，自不必言。[新小说 1903（8）56]

（19）我当时见他年几尚小，又是夫人一场好意，故此任他随意，只管暂时谋个栖身罢咧！[新民丛报 1904 第 3 卷（9）84]

（20）贤侄到船上去先要和侄妇说妥了，再行登岸，不然今日一场大喜，弄了个吵闹下场，如何是好。[月月小说 1909 第 2 卷（12）17]

（21）我们大家要仔细看看，记在心里，回到家中，再细细的讲与妇女们听听，方不至于吃药弄错了，这岂不是一场大大的阴功么？[善导报 1915（28）188]

（22）那总稽查的儿子，与那私造猎枪的李阿新，一场冤业就从这里结出来的。[小说画报 1918（18）111]

（23）还有一场顶大的毛病，缠脚的女人生出儿子来，身子总不甚强壮，怎么缘故呢？[敝帚千金 1906（21）2]

（24）有个前清的文明候补道，前晚同两三个文明狎客，在大餐馆吃文明大菜，叫了五六个文明局陪酒，席散后，即到文明楼妓女处打文明茶围，又摆了双台文明酒，酒吃罢后即碰一

场文明。[申报 1912.02.26-8]

（25）阎贡生正做得好梦，被他妻子唤醒转来，把手拍着席子道："一场快活，又落了个空。"[南浔通俗报 1905（9-10）33]

例（18）—例（25）中，可与量词"场"搭配的名词分别为：痛苦、好意、大喜、阴功、冤业、毛病、文明、快活。

【所】

《三苍》："所，处也。"量词"所"是根据其"处所"的意思引申而来的，先秦文献中已见。清末民初时期，量词"所"的称量范围很广，可能已经达到历史上的顶峰。正如杨宁、袁飞（2013）："广泛地应用于人体之外的其他处所。"[34]下文展开论述。

据统计，清末民初白话报刊中，量词"所"共出现 692 次。

1. 计量建筑物

（1）驻宽陆军三镇，在长春南七里许欢喜岭，建造一所营房，大小房屋计五十多间。[吉林白话报 1907（46）07]

（2）说时，我和李家的人，已到了一所大厦，前面拥挤的很，连门面都看不见。[绣像小说 1904（30）35]

（3）幸而德国皇帝，人甚明白，现在答应了我们，可以不必磕头，并且待我们醇王爷，礼貌狠好，还收拾了，一所宫殿，

---

〔34〕杨宁，袁飞.量词"所"的产生及其历史演变 [J].重庆科技学院学报（社会科学版），2013（03）:135-137+140.

给咱们王爷居住。[京话报 1903（01）12]

（4）夫人这里出入的人太多，不便谈话，我们有一所别墅在克朗球白德莲，到是个秘密所在。[小说时报 1918（临时增刊）14]

（5）二人于是乎出了门，顺大道而行，到了一个地方，前面有一所大宅院，规模极其雄壮。[大公报 1904.10.08-03]

例（1）一例（5）中，量词"所"分别与"营房""大厦""宫殿""别墅""大宅院"组合。可见，以上诸例中的"所"指称建筑物的整体。

（6）瑟夫来见方老，不料方老其时已拆回上房去了，一扑却扑个空，不得已快快的转入他住的那所卧室。[小说时报 1922（02）08]

（7）我初进来时送了二十块钱的礼，所以他特辟这所房间与我，算是特别优待的。[小说画报 1918（18）101]

（8）陈设皆异常华丽，想英国女王域多利的宫殿，也不过如是，正行间，不觉到了一所内厅，就是夫人的书斋了。[新民丛报 1905 第 3 卷（12）81]

（9）厅上杀人声音，愈加惊惶，望左边一看，有一所厨房，内有四个人，忙着烧饭洗菜，我就挨进去，求他们收留。[中国白话报 1904（19）39]

上 4 例中，"卧室""房间""内厅""厨房"均表示具体的房间。白话报刊中，类似的名词再如：图书室、书斋等。

量词"所"还可以计量"牌坊""亭子"等其他建筑物，例如：

（10）黄绣球朦胧间走到不知什么所在，抬头看见一所高大牌坊，牌坊顶上，跕着一位女子，身上穿的衣服，像戏上扮的杨贵妃。[新小说1905（60）02]

（11）有几张插画，有一张画着一张梯，直达一所亭子，亭子上写着"自由"二字。[小说画报1919（20）133]

2.计量开展活动的场所

（12）他历任巡捕官二十余年，声名甚好，可巧一千八百十二年遇上大火，将耀官儿那所黄木衙门烧得半爿不剩。[小说时报1912（17）04]

（13）后来筹划巨款造了，一所女子大学校，开校未久，忽遭火灾，傅兰芷一片苦心，都付了行云流水。[杭州白话报1902第2卷（10）08]

（14）毕太太又在女学堂里附设了一所医院，有些女学生在功课之外，就跟着毕太太学医。[新小说1905（248）08]

（15）该处有博物院一所，规模宏大，印人工艺，亦罗列其中。[南浔通俗报1905（11-12）52]

（16）我和李医生同到加尔司镇去，游玩一番，觉得变换了很多，还有一件最触目的，是那处素来有大监狱一所，现在竟

无从问他的踪迹。[绣像小说1904（33）48]

（17）另外还有名誉领事馆，二十七所，分馆五所，海参崴还有贸易事务馆一所，这就是领事馆的总数了。[绣像小说1904（39）79]

例（12）—例（17）中，量词"所"所搭配的名词分别为官方机构的"衙门""大学校""医院""博物院""监狱""领事馆"。

白话报刊中，量词"所"的称量对象中，也有"非官方的"盈利性单位。例如：

（18）拿这款开银行，每行一百万元的资本，可开八百八十所，大县每县能得一所，小县两县合得一所，金融可以流通。[江苏省巡回讲演杂志1917（02）177]

（19）这书采辑的报，统共有四十种左右，凡是华字报纸，这部书里没有不采的，总之外间多开一所报馆，这书便多采一种报。[中国官音白话报1898（18）12]

（20）就论当时泊勒摩至梅沁纳路上，在非嘎拉和拍弟之间，忽然有了一所客寓，那爿客寓正造在路傍。[小说时报1912（17）13]

（21）有个世代经商的人家，姓符，初时不过沿街叫卖，后来资财越积越多，到了一个子孙叫符种业手里，居然开了两所米行，又开了一处布庄。[绣像小说1905（56）01]

（22）薄查的大名国王就造一所极大的工场，给了狠厚的工钱，广招欧罗巴各国的工人制造磁器。[杭州白话报 1902 第 2 卷（04）08]

（23）自流井本是川南著名出盐的地方，并有盐场一所，存放的现款也很多。[京话日报 1916.02.12-2]

（24）纽约现有实业公司一千一百六十一所，银行一百六十一家，都系富厚殷实，其余小的尚不在此数。[杭州白话报 1902 第 2 卷（19）04]

（25）这劳伦斯的父亲有着名的铜矿一所，在美国沿太平洋口岸，都是这某富翁的产业。[中国官音白话报 1898（18）34]

例（18）—例（25）中，量词"所"分别组配"银行""报馆""客寓""米行""工场""盐场""铜矿"。清末民初时期，"实业救国"思想的影响下，民族企业的大力发展，各行各业呈现空前繁盛的场景，因此"所"可称量的"处所"类别增多。

民间的自发性组织，也是清末民初量词"所"的组配对象。如：

（26）高丽有志之士，看见国势衰败，怕慢慢的就要灭亡，极意要挽回大局，开通风气，在汉城设立维新会一所，以便帮助政府整顿一切。[京话日报 1904.10.23.2-3]

（27）全地球济贫会约有八千所，一天比一天发达，去年一年之中，一共添了会所三百三十七所，光法国去年添了六十七所，可见法国人很热心济贫，巴西国去年添了会所五十所，葡国添了二十二所。[公教白话报 1914 第 2 卷（13）196]

（28）唤醒我们同胞，一半年里头，讲报处、阅报处，京城内外，也立了好几所，抵制美货的演说。[京话日报 1905.08.06-1]

例（26）—例（28）中，"所"分别与"维新会""济贫会""讲报处""阅报处"等组织。

"所"还能和储物品地搭配，例如：

（29）问：那里的房屋最高？答：纽约的房屋最高，竟有起到三十三层的，并且还有地窖一所哩！[江苏白话报 1904（03）32]

（30）我已寻得宝藏一所，满藏着得用的东西，留待大王受用。[大公报 1912.07.30-09]

清末民初白话报刊中，量词"所"几乎可以称量一切"地方"，例如：

（31）吴尔达既受剑伤，又经这一番马背上的辛苦，及至异到房中，竟昏睡过去了，睡了半日，痛醒起来，开眼一望，原来是一所马厩，系土筑的，甚为坚固。[新小说 1903（18）04]

（32）我们大门隔壁是有一所茅厕，因他是公家的物，不便除他。[安徽白话报 1908（1）1]

（33）话说一千八百三十五年春上，我正在都朗地方，住着郭

外一所小小儿的精舍，很觉得自由自在。[小说时报 1916（28）1]

（34）大尉的朋友，有一个叫做亚历山大，在莫斯科城外，盖一所花园。[新小说 1903（50）07]

（35）那住宅西边，却有一所小小的园林，虽不及公园的旷敞，可是花木扶疏，亭篱曲折，也自有一种幽茜的意味。[小说时报 1917（32）1]

（36）却说苏州城外，有一所地方，叫作甪直，古时候叫作甫里。[绣像小说 1903（06）01]

（37）这条铁道，每天只开一回的车，机关车一台以外，只有客车一辆，停车场一所，驿长兼发票一切，只有一个人。[少年 1912 第 2 卷（02）07]

（38）新近捐民地四顷八十余亩，作为初等师范学堂经费，又捐房基地一所，预备修改初等小学堂。[京话日报 1906.02.07-4]

（39）这陆地仿佛是一座光明灿烂的岛屿，形状是浑圆的，我们到了那里，寻见一所极方便的港口，就在港泊了，立即上岸。[少年 1911（07）10]

例（31）—例（39）中，量词"所"分别计量"马厩""茅厕""精舍""花园""园林""地方""车场""房基地""港口"。

这种现象的出现，是由清末民初时期语言处于过渡阶段的总特点决定的。此时的语言处于文白交替，中外混杂的特殊历史阶段，语言在使用上的自由度较高，量词作为其中最能表现汉语活力的词类之一，呈现出未定型的特点。

【家】

《说文·宀部》："家，居也。"本义是居住的地方，由此作为量词。早在先秦文献已见，清末民初时期，量词"家"的称量对象增多。

据统计，清末民初白话报刊中，量词"家"共出现 878 次。

1.计量房屋

（1）我忽见一家矮屋相隔不远，只得奔进矮屋，讨个火烘烘衣服。[申报 1915.01.24–13]

（2）三个人刚走到了一家大宅子门前，看见许多人都往里边走，有男有女，有老有小，还有几个和尚。[京话实报 1910第 8 卷（18）01]

（3）刚刚午后六下钟的时候，忽然来了二十多个人，走进藩台衙门间壁的一家银楼里去，出其不意，抢劫了一个罄尽。[申报 1910.02.25–27]

上 3 例中，"所"分别称量"矮屋""大宅子""银楼"，这种用法在现代汉语中已不再使用。

2.计量处所

（4）船是泊在一家轮船局码头上，这个地方，便叫做"平望驿"。[小说林 1907（04）190]

（5）半点钟后，甲必丹伏屯已在近边一家医院里头，医生们说他脑筋乱了，已记不起以前的事。[小说时报 1917（32）14]

（6）想那世界上的学校，也不只我一家，若是学生迷亡走失，都好问着校长索赔，则那些不良的人家，也就可以把自己的子女藏过，讹诈校长的了。[申报 1913.04.05-13]

例（4）—例（6）中，量词"家"分别与"轮船局""医院""学校"等公共事业单位。同量词"所"相同，"家"也可以计量私营性单位，举例如下：

（7）在伦敦纽兰克街，开一家日日新闻报馆，这弗伦费斯脱就自己做了主笔，倒也一纸风行，销得十分畅旺。[申报 1907.10.10-18]

（8）我也别无奢望，但愿寻得一个志同道合的人，与他合伙，各出一半资本，开一家小小磨托车制造厂，翻新花样，车身造得坚固，价目定得低廉。[申报 1915.05.31-14]

（9）弗伦到了一处地方，只见一家金环辉煌的洋行，门外停着一辆人力车，装饰得十分精致，耀眼争光。[申报 1907.11.19-18]

（10）他就托威纳司的一家大银行，汇往伦敦苏格兰银行。[小说时报 1916（27）25]

（11）勃立南拣了一家咖啡店，同鸟麦莱进去。[申报

1915.09.22-14]

（12）那晚的第二天晚上九点钟，四马路一家妓院里，那老牛又出现了。[竞业旬报 1908（32）46]

（13）猴类连忙向对门一家在同衙门办事的寓所内闪了进去，又连连的招呼旺儿。[申报 1907.12.17-18]

例（7）—例（13）中，名词"报馆""制造厂""洋行""银行""咖啡店""妓院""寓所"分别与量词"家"组配。发展到现代汉语，这类用法保留至今，是现代汉语量词的形成和丰富的重要来源。

3.计量派别

（14）这六百人的名誉，从此便永永不朽了，内中单表一家英国大诗人，叫做邓耐生，便把这事做了一首长歌。[竞业旬报 1908（30）44-45]

（15）试问笑舞台外，尚有那一家，除红楼梦外，试问我国尚有比他更胜一筹的小说么？[申报 1916.10.13-13]

上二例中的"英国派诗人""红楼梦派小说家"均指的是创作流派。

【顶】

《说文·页部》："顶，颠也。"本义是人头的最上端。由此引申为量词，在隋唐五代时期就已经产生，可以称量人头顶上的衣帽等，还可以称量轿子等有顶的事物。清末民初时期沿用此种用法。

据统计，清末民初白话报刊中，量词"顶"共出现 121 次。

1. 计量带"顶"的穿戴物

（1）这顶破纱帽和这件破袍，至少也经过了几百年的风吹雨打日晒尘粘，早已弄得不成样儿了。[申报 1912.06.20-10]

（2）这顶盔是菩萨同洋人打仗脱落的，引动一般愚民，念了许多日子的万人佛。[竞业旬报 1907（10）39]

例（1）和例（2）中的"纱帽""盔"均为"头戴之物"，这一用法一直沿用至现代汉语中。

（3）我先说一句直捷的话，是换换花样，不要龙舟年年是几面旗，几顶伞，几副锣鼓。[女子世界 1904（05）14]

（4）入到房里，只见安设着一张板床，高高的挂了一顶洋布帐子，床前摆了一张杉木抽屉桌子。[新小说 1905（173）08]

（5）那顶大花轿，上下四旁，没有一点空儿出气。[安徽俗话报 1904（04）02]

（6）原来是个人家水阁，定睛望去，里面并没什么，就只一张床，两顶衣橱，一张方桌，一张梳妆半桌。[绣像小说 1904（36）202]

（7）巡警将他送入病院，过了二日，病势署好，还不知身在何地，定神细看才知道，一顶小的板屋里面。[安徽俗话报 1904（13）27]

例（3）—例（7）中，量词"顶"分别与"伞""帐子""花轿""衣橱""板屋"。其中，除"轿子"用法在现代汉语中依然使用外，其余用法都已消失。

（8）墙上都开了洞，做了炮眼，外面又开了一条河，只有一顶桥，通内外的路，如果拆了桥，鸟也飞不过去。[中国官音白话报 1898（7、8）10]

（9）前面大王庙，已到了新闸，再过一道桥，便是拉圾桥，离着码头就不远了，毕竟小轮行走甚速，转眼间过了两三顶桥。[绣像小说 1903（15）79]

清末民初白话报刊中，量词"顶"称量"桥"例，历史上从未出现过，为首见例。

何余华（2014）认为："量词"顶"在语义虚化的过程中，[＋穹顶形结构] 的义素得到强化。"[35]"桥面"是"桥"最重要的功能部件，例（8）和例（9）中的"顶"称量"桥"，是量词的修辞用法，极言"桥"的重要性。

【盏】

《方言》第五："盏，桮也。自关而东，赵魏之间曰槭，或曰盏。"郭璞注："盏，最小桮也。"意为浅而小的杯子，后代引申为量词。清末民初时期，量词"盏"主要计量灯类和饮品类，

---

〔35〕何余华.量词"顶"的产生及其历史演变 [J].郑州师范教育，2014，3（01）:47—52.

下文详述。

据统计，清末民初白话报刊中，量词"盏"共出现227次。

1. 计量灯

（1）劳白脱在家里泼翻了一盏火油灯，右手被火烧得十分利害。[小说时报1914（21）06]

（2）那黑奴屏息少时，见伯爵鼾声越发利害，就把桌上这盏洋蜡，一照伯爵，见他果然熟睡。[新小说1903（50）18]

例（1）中的"火油灯"是传统灯具；例（2）中的"洋蜡"已经引申为"具有灯具功能的替代物"，也可以被"盏"计量。

（3）其时天已晚将下来，旁边廊檐底下，一盏煤气灯，已经上了火。[新小说1905（79）09]

（4）那车子身量狭长，前面装设盏探险电灯，同轮轴一样高，好比怪物头上，突出两只眼睛。[申报1915.08.01-14]

（5）郑德先道："我出去喊人，你快穿衣起来收拾，万一救不下呢？"说毕，携盏手照迳跨出房，忽听一片喊杀的声音，像从街上喊进衙门来。[小说画报1917（08）120]

（6）有人路过，手里拿着一盏官衔灯笼，上面写着：钦加三品衔浙江候补道。[新小说1905（153）12]

例（3）—例（6）中，"盏"分别计量"煤气灯""电灯""手照""灯笼"。通过上几例可知，清末民初时期量词"盏"计量"灯"类事物的泛化程度极高，不再是局限于传统的

"油灯"。

2. 计量饮品

（7）当时霞那把茶泡了，递过众宾客，迨后拿了一盏茶，走过大餐堂来，递给伊古那。[新民丛报 1904 第 3 卷（02）64]

（8）妇自厨出，遂出咖啡二盏，饮客与大汉。[绣像小说 1905（50）08]

（9）大红柬帖请媒人，盛席安排待上宾，这盏酒儿非易吃，媒人难做古来闻。[绣像小说 1905（54）03]

上三例中，"盏"计量"茶""咖啡""酒"。"盏"称量饮品类事物为承古而来的用法。但是"咖啡"为清末民初时期外洋引入的名物，因此，在范畴化的背景下，也能受"盏"的称量。发展至现代汉语中，"盏"的这一用法整体萎缩，被"杯""瓶"等量词取代，几乎没有用例出现。

【纸】

《说文·系部》："纸，絮一苫也。"本义是纸张。魏晋南北朝文献中已见，清末民初时期沿用，用以计量带字的纸页。

据统计，清末民初白话报刊中，量词"纸"共出现 188 次。

（1）有一个张弘范的门客，得了一纸文丞相的遗墨，我用重价买了来。[新小说 1905（211）06]

（2）咳！您看是区区一纸公文哪，这其中还有极大的关系呢！[大公报 1911.04.10-9]

（3）有些书还是外洋来的，一时查禁，亦查禁不了，不过一纸告示，谕禁他们，叫他们不要出卖而已。[绣像小说1904（38）211]

上面3例中，量词"纸"分别计量"遗墨""公文""告示"。

（4）孔、李两钦差便请了韶州总兵万福到行辕来，交给他名单一纸，叫他委一个妥当的员弁，带两棚人，到省城三德店去捉凌贵兴一众人犯。[新小说1905（271）02]

（5）兹寄上华族女学校规则一本，教科用书表二纸，规则书中有课程表一纸。[女学报1902第2卷（01）16]

上2例中，"纸"分别计量"名单""课程表"。

（6）譬如有一个穷人，同一个人订一纸合同，议定多少时候替他做工。[苏州白话报1901（03）18]

（7）津海关道日前接准，驻津英总领事金璋送到护照一纸，系美国内地会女教师胡如芳申津，赴直隶、山东、河南、山西、湖北、陕西一带游历。[北洋官报1908（1679）10]

例（6）和例（7）分别计量"合同""护照"。清末民初白话报刊中，"纸"还有计量"证券"类事物的例子，如：

（8）经主东点验，除铁箱外，并失去五千元汇票一纸。[新民丛报1906第4卷（13）111]

（9）选举法上，有产业五千元照章纳税的，有选举权；有一千元国债券的，当然也有选举权，这一纸国债券……[大公报

1916.10.08−10]

现代汉语中，量词"纸"的用法较之清末民初时期明显缩小，只有承古用法的"一纸文书"还作为熟语在沿用。

第三节　专指型个体量词

专指型个体量词指专门用来指特定对象的个体量词。这主要依赖从名词（或少数动词）虚化为量词以后词义的特定性，专指型量词在汉语中比较常见。

清末民初时期的白话报刊中，我们主要介绍具有代表性的三个：重、间、号。下文我们分别论述。

【重】

《玉篇·壬部》："重，叠也。"《广韵·钟韵》："重，复也，叠也。"本义是重复、重叠，在这里作为表层次的量词，早在先秦文献中已见。到了清末民初时期，可以称量对象的范围很广。

据统计，清末民初白话报刊中，量词"重"共出现226次。

1.用于重叠、累积的事物，犹"层"

（1）家院现有书信一封，交与主人，过了一站又一站，看看来到一重山，眼望都城路不远。[绣像小说1904（25）1]

（2）华盛顿大悟，十月二十六日再渡一重河，退保一个小

地方，检点部下残兵。[绣像小说 1904（21）03]

（3）大家商量妥当，就照这样办，居然把一个鹅蛋，连五个身子，轻轻的从东海极荒凉的沙滩边，飘过一重大海，到西边极稳当的去处，安身立命。[少年 1913 第 2 卷（11）7]

例（1）—例（3）中，量词"重"分别计量"山""河""大海"等自然重叠物。

（4）官居极品，禄享万钟，最难得的是毫无破败，凶险不过关煞，内有一重四柱关，有一重将军箭，四柱关只要不出门，不坐轿子，也没有事。[绣像小说 1905（42）2]

（5）那时德国将官，用远镜遥视一周，知道这重居庸关，是一重险要所在。[绣像小说 1903（15）1]

（6）家人去了大半日，回来回覆道："胡先生说请封是每堂二十块，轿封是每堂是四块，但是多过一重门槛，要多加两块洋钱。"[绣像小说 1904（27）03]

（7）子蛰道："到了里面就好了，过得一重栅栏，便觉人多于鲫。"[绣像小说 1903（13）03]

（8）风窗上却挂着一重软帘，回廊上却站着七八个公服的官员，各人手里皆挟着一两件公文。[小说画报 1917（11）113]

（9）月暗星疏，半天上笼着一重薄雾，远处礼拜堂中钟声镗的一响，回声隐隐荡动着，鸟一般飞越开去。[小说画报 1917（07）48]

（10）向平便引着二女，由耳门而入，上了几重台阶，便是一重小耳房。[扬子江小说报 1909（03）20]

例（4）—例（10）中的"重"分别计量"四柱关""将军箭""居庸关""门槛""栅栏""帘""薄雾""台阶"。以上诸例表示事物的"层"，多为阻碍物。

（11）四个人已抬着一件很大的东西进来，轻轻的放在地上，却是一个棺材架，上边遮着一重布。[小说时报 1913（19）36]

（12）那天天气狠热，茉莉儿只穿一罗衫，子爵也只穿两重单衣服。[申报 1915.06.16-14]

（13）因为禁赌禁得严，所以桌上铺上一重席子，这声音便轻了，不甚听得仔细。[小说画报 1917（03）87]

（14）樊杜伦知道时候已不早了，便匆匆按铃，要水来洗了手、面、头上的黑发，本来甚是光泽，偏也不肯饶他，硬加上一重膏沐。[申报 1915.11.09-14]

周芍（2010）认为："表现在空间关系上，就是松散性。"[36] 周芍的看法不无道理，仔细来看，例（11）—例（14）中，量词"重"分别与"布""衣服""席子""膏沐"，此类名词均为附着于其他物体表面的东西，具有可分离性。

---

〔36〕周芍. 量词"层"和"重"语义对比分析 [J]. 汉语学习，2010（04）:53-58.

2. 计量事理的层次

（15）我们追悼伟人，第一重在一个敬字，现在我这副对，是挂在城隍庙门口的，我把伟人看得和城隍菩萨一般。[小说画报 1917（04）135]

（16）我父亲曾经救过他的性命，殁于王事的，谅来提起这一重交涉，他也不能不答应我。[东方杂志 1915（12）10]

（17）他既这样认得婊子不认得钱，那也没有法子了，人到老学不了，我总算又添了一重阅历罢了。[小说画报 1917（11）40]

（18）大概一学校之中，最注重的工课当有三种，一重国学；一重科学；一重体操。[中国白话报 1904（10）2]

例（15）—例（18）中，"重"可计量的对象为"交涉""阅历""工课"。其中，例（18）例句本身已经说明了，清末民初时期，"重"即"种"这一用法的句法条件。

下两例中的"重"，即可替换为"件"。

（19）刘理台见邹仁业经把那一重公案揭破，当下便站起来深深一揖。[绣像小说 1905（41）02]

（20）中国倘然亡了，列位仍然没有驻足的地方，为什么同室操戈竟到了这等田地？可怜呀，可怜！中国多一重教案，百姓多吃一重苦，即中国多受一重害处。[杭州白话报 1903（13）38]

清末民初时期，量词"重"还可以计量抽象名词，举 3 例说明：

（21）沛之道："后福却是不浅，并且发财就在眼前，但只一层，气色上面，却吉凶相混，则气已经旺极，却又有一重晦气罩住，这一重晦气，不是疾病，便是官刑。"[新小说 1905（9）217]

（22）推伦司伏恩这夜非常快乐，欣然的说道："两个人结婚，总觉得寂寞，何不四个人同时结婚，一重良缘，变成两重良缘；一对鸳鸯，变成两对鸳鸯，也觉热闹得多咧！"[小说时报 1914（24）58]

（23）那个同事一见了褚静臣，便太息道："咳！静臣兄，吾想不到你竟痴情到这个地步，那天无意遇美，你却下了相思种子，多这一重孽障，何苦来呢？"[申报 1914.03.31—14]

例（21）—例（23）中，抽象名词"晦气""良缘""孽障"均与"重"组配表义。

计量人的"爱国心""牵挂"等内心活动的抽象名词，也是清末民初量词"重"的用法之一。如：

（24）各省利害关系不同，惟本省人最善知本省利病，利用人民两重爱国心发达，可期周密。[法政浅说报 1911（27）03]

（25）自我说起，每日抽空看一小时的戏，也是为了一斗金而来，想跟我同情的人也就不少，日后不添角也倒罢了，你何故生此妙艺，叫人多添一重牵挂哩？[顺天时报 1907.05.30—5]

【间】

《说文·门部》："间，隙也。"段玉裁《说文解字注》："开门月入，门有缝而月光可入。"本义是门缝，后引申为称量房屋的量词。魏晋南北朝时期已见，发展到清末民初时期，主要用于称量各种房屋以及以房屋为基础的组织机构。

据统计，清末民初白话报刊中，量词"间"共出现838次。

1. 计量房屋的最小单位

（1）那店婆子，见了洋钱，欢天喜地，接着去预备去了，走到对面一间灶房，那婆子一时又教买肉，一时又教杀鸡。[绣像小说1903（09）02]

（2）这新屋子直和从前的客店村塾，一丝无二，就是一扇窗，一扇门，也照旧式，毫不更改，上边有一所厨房，通到客店之中，楼上有两间寝室，一间极大的课堂，都是仿前构造。[小说时报1913（19）19-20]

（3）河南开封府早经起造行宫，太后住的宫十一间，皇上住十间，皇后九间，大阿哥九间。[杭州白话报1901（15）1]

（4）如果要重造一座祠堂，两间楼阁，约摸要多少钱？我们明年春天来时，再从家乡带款子来兴修。[小说画报1917（10）121]

（5）达而登道："我花园角里有一间破棚，只消略事修葺，便可把车子藏匿起来。"[申报1915.08.21-14]

（6）本所详细调查，确有一间包厢，系东单牌楼二条胡同陶姓所定。[京话日报 1906.06.15-4]

上面均计量"房间"，为最小单位。类似的例子再如：密室、浴室、书室、营房、库房、病室、客厅、耳房、村舍、膳房、门面、肉铺、酒馆等。

"间"还可以计量"院落"，例如：

（7）北京前门外，大栅栏地方，新造了楼房一所，商人任某，就在这间院子里，罗列各种奇异货物。[杭州白话报 1902 第 2 卷（1）1]

（8）那小丫头沿着池边上游廊走去，见朝西一所五间开院落里面，汽油灯亮得月色一般。[小说画报 1917（04）97]

2. 计量单位团体

向春（1990）认为："在规范的普通话里，量词'间'的用法是极为明确的，那就是用于房舍的计量方面……'间'的用法不断扩大，远远突破了这一使用范围"[37] 向春的观点无疑是正确的，清末民初时期"间"的使用范围就很广。例如：

（9）自此宝华接了莪弥的后任，留居瑞士，照料一切，又新设了一间活版排印局，发行一种新闻。[新小说 1902（35）10]

---

〔37〕向春. 说"间"[J]. 语文建设，1990（02）:31.

（10）我细想这间病院里头，断无和我相识的人。[新小说1903（19）09]

（11）美国政府议在土鲁滩县创设大学一间，以备中国学生赴美游学，学额定千名。[安徽白话报1908（04）03]

（12）今天我在市上，恰好和他相遇，被他邀到家里，叙些旧情，才晓得他近来正在这里那间磨粉公司做工。[新小说1903（07）12]

（13）原来俄国风俗，淫乱非常，凡是繁华地方，大率设有一间叫做什么广交俱乐部。[新小说1903（40）11]

例（9）—例（13）中，量词"间"分别计量"排印局""大学""公司""俱乐部"。

我们发现，清末民初白话报刊中，计量此类"具有场地的组织机构"的量词还有"所""家""座"等。

3.其他类

（14）沙惠儿主仆上船，见布置得十分妥当，心中暗暗感激朋纳脱，随后李溪崖亦拿着他平时用惯的六响洋枪，并许多子弹来到，与沙惠儿各择了一间轩爽的房舱住下。[江苏（东京）1903（02）103]

（15）我知道这船上外国人，有指定的地段，便挨次寻去，只见一号二号两间是外国人的休憩处。[小说时报1911（13）06]

（16）敏达道："那么说，我要到那一间座儿里去看看，不知可有客在那里。"[新小说 1905（20）06]

（17）这间的人听了这一席话，一定信他说得不错。[中国官音白话报 1898（9、10）08]

（18）列位你晓得他的家里虽有几块鲍盐番饼，其住的房子究竟是怎么样呢？喏！不过在半山里起几间三角廊同几间茅草屋，那个晓得他是他有铜钱的。[宁波白话报 1904（05）06]

例（14）—例（18）中，"船舱""雅座""三角廊"等，均为相对独立的处所空间，量词"间"称量具有"隔断"功能的处所。下例可能是取"中间"的意思。

白话报刊中，也有"间"计量"空地"的用法，其使用频次极少。如：

（19）长城万里皆在北，自东至西秦人筑，东面直隶，中间还有两间地，经过山西与陕西。[惠兴女学报 1910（26）11]

【号】

量词"号"，本义为"大声喊叫"。明代文献已见其作为量词用例，清末民初时期沿用。据统计，清末民初白话报刊中，量词"号"共出现 3265 次。

1. 计量人

（1）厨门旁边安着十四个电铃，就通着这主人翁十四位姨太太的卧室，都编好号头，要那一位来，就按那一号。[竞业旬

报 1908（34）57]

（2）这楼上是二百五十一号男客，三十四号女客。[扬子江白话报 1909（01）38]

（3）这个姑娘就说："你真像那号寒虫一样，得过且过。"[大公报 1902.07.06-2]

例（1）—例（2）中，量词"号"分别计量"姨太太""男客"；例（3）中的名词中心语"你"用"寒虫"比喻，具有较强的贬义感情倾向。

2. 计量船舰

（4）咱只要发一个电报，到我们本国的政府里去，立刻就派两号兵舰，开往支那去，问他个侮慢外人的罪名。[申报 1907.11.08-18]

（5）胡仇得了此信，便问凌震讨了一号海船，沿路迎将上去。[新小说 1905（168）13]

（6）岛口有来舟数号，舟中同志约数百人。[星期小说 1911（87）28]

例（4）—例（6）中，"兵舰""海船""舟"等舰船类事物与"号"组配表义。现代汉语中，此类用法已消失。

3. 犹"种""类"

（7）陆先生道："黄兄原来是要作成敝局生意的，但是敝局的机器，也有好几种，铅字有好几号，不知黄兄要那种的机器，

那号的铅字。"[绣像小说 1904（21）01]

（8）刘玉德先已有病，不堪其苦，遂允出银一千七百元，用华丰、丰和两号银条，交刘鼎芬转交刘鼎锡。[申报 1914.09.25-06]

（9）要种这号美国木棉，定要比平常的早些栽种，大约在谷雨节前，就要下种。[湖南地方自治白话报 1910（2）36]

上几例中的"号"均可替换为"种"或"类"，例句（7）本身也说明了，量词"号"此类用法中，可以与"种"互换使用而句意不变。

4. 表示事物的等级和次序

（10）那就是这个男子，终身天字第一号的奇辱。[申报 1907.11.02-18]

（11）赵仁伯看时，果然见报纸后幅登着斗大的李吉瑞三个字，下面写着烦演请宋灵，另外一行恰是列着今夜的戏目，上面用二号字标着大减价，包厢二角，正厅一角。[小说画报 1917（02）112]

量词"号"上文的"种类"用法，必然会产生"等次"的区分。如：例（10）中的"奇耻大辱"分为多种等级；例（11）中的"号"计量"印刷字体"的大小，这一用法为清末民初时期新产生的量名组合，直到今天，汉语中还在使用"字号"一词。

（12）日本神户西报第一号，载有中俄交还铁路合约八条。

[杭州白话报 1902 第 2 卷（2）2]

（13）学生侦探队，是近年新兴的，乃实行军国民教育的良法，详细情形，并一切图画，己见本杂志第 2 卷第一号，想诸位都见过了。[少年 1913 第 3 卷（02）15]

例（12）和例（13）中，量词"号"还能表示报刊的出版序列，这与当时报刊的大量涌现与传播有关。

5.计量日期

（14）本公司启，上海源和土栈，择于阴阳历十二月十日，正月二十一号新增零剪。[申报 1913.01.17–11]

（15）西九月二十二号，即中国八月十一日，东京来电说：今早日兵占水师营左右两面，名叫苦鲁巴金炮台。[中国白话报 1904（21–24 合期）179]

（16）西历一月二号告白，龙梦华不等说完，登时痰厥迷心，两眼一翻，昏倒地下。[绣像小说 1904（26）2–3]

（17）现在本部准将该路正续借款，共法金一万二千五百万佛郎，于一千九百零九年正月一号以前，全数还清。[河南白话科学报 1908（20）01]

例（14）—例（17）中，量词"号"均表日期，相当于"日"，这一用法延续至今。但是我们发现，上几例中，清末民初时期的阴历和阳历表示法中"号"和"日"混用，并未定型。

第三章

清末民初集体量词之外形量词研究

同个体量词一样，外形特征类集体量词，在认知过程中，通过观察事物的外形以直接获得认知。因此，此类量词是集体量词系统中最形象、最重要的部分。

根据清末民初时期外形特征类集体量词的认知基础及其修饰的中心词的语义特征，将其分为丛簇状量词、线状量词、动状量词和其他类四类，并在共时描写的基础上分别对其进行计量考察。

第一节　丛簇类集体量词

丛簇状集体量词，表示一丛或一簇事物的量，通常是一种较为模糊的称量。在清末民初白话报刊中，我们主要介绍

"丛""缕""绺"三个，下文简要分析。

【丛】

《说文·又部》："丛，聚也。"本义是聚集。因此作为量词，魏晋南北朝已见，清末民初时期，主要称量树种、竹林等丛生的植物。

据统计，清末民初时期的白话报刊中，量词"丛"共出现32次。

1. 计量植物

（1）那无情无义的玫瑰花，又开遍了公园地上，此时一朵一朵，一丛一丛的，全刺入爱纶司的眼帘。[小说时报 1917（32）12]

（2）伊范抬头一看，见是昨晚逃去的禄克，正欲穿过那丛茂林闪身逃去。[新民丛报 1904（临时增刊）833]

（3）石是青的，雪是白的，树上枝条，是黄的，又有许多松柏是绿的，一丛一丛，如画上点的苔一样。[绣像小说 1903（14）02]

量词"丛"计量植物类是其基本用法，如上三例中的"玫瑰花""茂林""松柏"，这种用法延续至现代汉语中。类似的名词还有：芦苇、树木、矮树、修木、荆棘、野草、水草等。

2. 计量人及其头发

（4）胡仇往外散步，偶然经过一条街上，看见围了一丛人，

不知在那里看甚么。[新小说 1904（93）09]

（5）那间室的外面，帘幕低垂，傍着窗儿口，有一丛子人，站在那儿侧耳静听。[小说时报 1922（01）1]

（6）俺定要查出那个妇人来便罢，说着跳起身来，又搔那丛草似的头发。[小说林 1907（03）32]

例（4）—例（5）中，量词"丛"计量"人"。刘世儒（1965）认为："量词'丛'的特点是只能量植物。[38]"但是有学者对此提出质疑，如曹芳宇（2010）认为："唐五代时期，'丛'的称量范围已经由植物扩大到毛发，以及聚集在一起的云、人等。"[39]我们赞同后者的论证，并且认为：量词"丛"量人的这一用法，一直到清末民初时期还在低频次使用，也并未消失。例（6）中的"头发"也为承古用法。

【缕】

《说文·系部》："缕，线也。"本义是细长的线，由此引申为量词。魏晋南北朝已见，常用来称量细丝、游丝等线状物。但在清末民初白话中，称量"烟气""发丝"等具体事物的频次略高于称量抽象事物，这表明本阶段量词"缕"的泛化程度较深。

据统计，清末民初时期的白话报刊中，量词"缕"共出现121次。

---

〔38〕刘世儒.魏晋南北朝量词研究 [M].北京：中华书局，1965：208.

〔39〕曹芳宇.唐五代量词研究 [D].天津：南开大学，2010：184.

1. 计量具体事物

（1）正在相持之际，陡然闲望，见西南角上黑烟一缕，直冲起来。[杭州白话报 1902 第 2 卷（7）13]

（2）比仿一锅的开水，沸腾时侯，看见那白云，缕缕上升空际，那锅水就渐渐的干浅了，这些水也是变成水蒸汽，散到空气里去了。[安徽俗话报 1905（21、22）1-2]

（3）夫人坐了一回，立起身来，靠着窗，探身外视，其视夫人两袖，适当不才头上，香气缕缕，使人心醉。[新新小说 1905 第 2 卷（06）05]

（4）今日心中有事，见着一缕曦光，便一骨碌起来，草草的盥漱梳妆。[小说时报 1916（27）14]

（5）那时只听得哑哑的雨声，一群老鸦，飞翔空中，墨黑的鸦背，带了一缕斜阳。[江苏（东京）1903（01）123]

例（1）—例（5）中，量词"缕"分别组配"黑烟""水蒸气""香气""光""斜阳"，此类名词均为自然物。

（6）孩子你不知道，那是你老老给我的一缕麻，我没有地方放，我缠在腰上了。[小说画报 1917（2）62]

（7）养蚕第一事，就是要生丝好，生丝好的，丝缕细长，两头同中央，没甚粗细。[杭州白话报 1902 第 2 卷（30）17]

（8）濮玉环睡在一旁，兀自未醒，面部上微汗盈盈，左角上一缕青丝，斜抹在左边粉颊上，愈觉娇艳。[绣像小说 1904

（31）02]

（9）那白惠文时宝靥致红，香肩低亚，春云作态，秋水为神，眉目之间，别有一种娬媚风流的态度，万缕金黄色的头发，绾着一个高髻，垂于脑后。[申报 1907.11.03–18]

（10）不到几个月，他那恶运就来了，夜里便盗汗了，咳嗽声嘶，痰里时时带着桃红色，一缕的血丝，这个可不是玩意儿了。[小说时报 1911（14）10]

例（6）—例（10）中，"缕"分别计量"麻""蚕丝""头发""血丝"等。这样的名词还有：柳条、绒线等。

2.计量抽象事物

（11）大佐见了，喊了一声赶上来，只见那孩子仰卧地上，四肢挺直，可怜那一缕爱国热血，竟自胸前流出。[申报 1915.03.02–14]

（12）他在路上已经绝了几天食，到了报恩寺来，一连过了五天，那脏腑里已是全空，无所培养，一丝气息，接不上来，那一缕忠魂，便寻着文天祥、张世杰、陆秀夫打伙儿去了。[新小说 1905（211）02]

（13）却说轻轻踱进来的那人，原来就是此刻商议着，要设法割断他那缕情丝，拆散他那段鸳谱。[新民丛报 1906 第 4 卷（08）99]

（14）萍生见了阿辛的一缕柔情，又被他牵住。[绣像小说

1905（44）06]

（15）玉鸾就此辞了老母舅罢，晋芳见这光景，也就不觉的一缕心酸，怆然泪下。[大共和日报 1915.4.28]

（16）中慧季莺临行时，不知和他交头接耳说什么，看得鸳文一缕酸溜溜的滋味从心里逗将出来，比醋也难尝。[小说画报 1919（19）181]

清末民初时期，量词"缕"称量抽象事物的用法迅猛发展，如例（11）—例（12）中的"热血""忠魂"表示人的内在气质；例（13）—例（16）中的"情丝""柔情""心酸""滋味"，则反映了人的心理活动。

【绺】

《说文·糸部》："绺，纬十缕为绺。"作为量词明代文献已见，清末民初时期，用来称量发、丝、线等成股的东西，

据统计，清末民初时期的白话报刊中，量词"绺"共出现17 次。

1. 计量头发

（1）劳航芥急走了进去，远远看见那位洋务局老总，四十多岁年纪，三绺乌须，身上穿着湖色熟罗的夹衫。[绣像小说 1905（45）247]

（2）要想着迎合新派人，学点□新名词，穿两件瘦衣服，脑门子上头飘散几绺半男不女的刘海发，洋眼镜往鼻子上一架。

[京话日报 1905.11.29-1]

（3）老总益发居为奇货，平时拖一绺八两重的辫线，打起仗来把他盘入青布里头。[申报 1916.10.19-14]

例（1）—例（3）中，量词"绺"称量"乌须""刘海发""辫线"等头发类名词。

2.计量光线类

（4）后面的人，见梅克戴当先动手，也就一哄上前，将约西团团围住，困在垓心，正在危急之际，忽见一绺猩红，空中飞迸。[绣像小说 1905（44）71]

（5）那带蛀带朽的细碎木屑，历乱散在两旁，再呵着腰向河流一望，约西陡吃一惊，一绺白如银炼的水面上，飘飘荡荡，摇曳生姿。[绣像小说 1905（47）86]

上2例中，"绺"分别与"猩红""银炼"等光波类。白话报刊中，我们仅发现1例表示"痕迹"例，如下：

（6）他衣饰上之记号也从右耳上边，直到额角顶，斜划着一绺刀伤痕迹。[绣像小说 1904（31）02]

第二节　线状类集体量词

线状集体量词，通常表示称量外形特征为线状或条形状事物的集体量词。在清末民初白话量词中，此组共有行、排、串等三个，分述如下。

【行】

《吕氏春秋·辩士》："正其行，通其风。"高诱注："行，行列也。"由此作为量词，先秦文献已见。到清末民初时期白话报刊中，量词"行"用法更为丰富，通常用来称量成行列的字、人等。

据统计，清末民初白话报刊中，量词"行"共出现 582 次。

1. 计量成行的人和物

（1）那警察长微笑举手，向旁边一条狭弄中一指，滕达侧身看时，见里面隐着一行兵士，约有二十人。[申报 1915.12.31–14]

（2）第二个礼拜，到了圣罗凌河，将次近河口时，船上的旅客都一行一行的排班立着。[小说时报 1911（13）09]

上面两例，为"行"计量"人"例，下面三例计量成行的事物，例如：

（3）贾夫人看了，不觉拳头握得紧紧，两行犀齿几乎将樱唇咬破了，立在书桌前。[小说画报 1919（20）25]

（4）白话报每期四十页，每页十三行，每行三十二个字，问每册共有多少字呢？[直隶白话报 1905 第 1 卷（07）20]

（5）恩斯推尔方低了头，一步一步的向前走去，忽见两行马车的轮迹，深印地上。[小说时报 1914（23）02]

类似的名词还有：字、首饰、热泪、垂柳、火把、几椅等。

2.计量职业

（6）中书仿照各国的办法，开设这处储蓄银行，无论那一行人，无论多少钱，有了富余，交给银行存起来。[京话日报 1906.01.08-2]

（7）我们这行生意，前几年本来极好。[绣像小说 1905（44）02]

量词"行"表示"行业"早在宋代就已出现。宋代吴自牧《梦粱录·民俗》："士农工商诸行百户衣巾装着，皆有等差。"此种用法后世因之，一直到现代汉语中。

【排】

《字汇·手部》："排，列也。"作为量词，最早见于明代文献。清末民初白话报刊中，主要用来称量成列的人或者物，这一时期，新出现了计量"军队编制"的用法，用例较少。

据统计，清末民初白话报刊中，量词"排"共出现 123 次。首先看量"人"例：

（1）第一场马箭，是在演武厅考的，第二场步箭，就在本

府大堂校阅，因为人多，便立了三个靶子，一排三人同射，免得耽误日期。[绣像小说 1903（01）03]

（2）我把这些人，一个一个，都叫来把你看，就晓得了，于是就吩咐他们，叫他们十个一排，分做二十排，都打扮好了进来，[白话小说 1908（01）12]

再看量"物"例，如下：

（3）中国的藏书家，专专作那一个藏字，轻易不肯给人看，不但不给人看，自己也没工夫看，知道爱惜的，讲究讲究装潢，书头上写几排小宋字，也就算是藏到家了。[京话日报 1905.04.27-1]

（4）听说这公所里，光有枪械，并没有子弹，颜玉寿久就有这个意思，从外边拿了枪子四排，检验的时候，他的死尸身上，还存着子弹两排。[公教白话报 1917 第 5 卷（04）53]

例（3）中的"字"，现代汉语中已不再使用，取而代之的是"行"；例（4）计量"枪子"。"排"还可通过转喻，泛化表示"笙歌"，如：

（5）……都送着礼物，前来贺喜，重门洞开，铺毡结彩，府门上列着一排一排笙歌，所有老少仆夫仆妇家僮婢女食客知宾，都是穿着新衣，喜气腾腾，往来奔走。[扬子江小说报 1909（03）19]

量词"排"计量军队编制是清末民初时期新产生的用法，

白话报刊中用例较少，但一直延续至今。例如：

（6）郁长春安徽蒙城县人，原充二标营左队二排排长，现拟选回原籍监禁三年。[安徽白话报 1909（02）14]

（7）京旗陆军第一镇步队，第一标第三营后队三排排长许占魁五两。[京话日报 1905.10.04-4]

【串】

《正字通·丨部》："串，物相连贯也。"本义是把相关联的物品连接起来成为一个整体，由此作为量词。首见于隋唐五代文献，到清末民初时期，主要用来称量能够用绳连成串的事物。彭媛（2009）："量词'串'有如下的属性特征：［＋两个以上］［＋贯穿、连接］［＋物品］［＋用于贯穿的维系物］"[40]下文展开论述。

据统计，清末民初白话报刊中，量词"串"共出现 292 次。

1. 计量成串的事物

（1）串，音贯，跟惯字同，又音钏，物相连贯叫串……借用作亲串，串通的串，都是有相连不断的情形。[京话日报 1905.10.26-5]

此例为白话报刊中，定期设定了相关的字音通识栏目中的原文释解，可窥知"串"在当时的概貌。

---

〔40〕彭媛. 汉语"一量多名"现象的范畴化解析——以量词"串"为例 [J]. 赣南师范学院学报，2009，30（01）:71-74.

（2）绢包里的东西乃是一串钻石项圈，颗颗有黄豆大小，光芒四射，把达而登看得眼花都撩乱了。[申报 1915.11.22-14]

（3）说到这句，李小姐面上，便也一串一串的泪珠儿直滚下来。[绣像小说 1904（27）17]

（4）贵局即便带至，这类无用的字，写成一大串，最是悮事，再写的不通文，更是糟糕。[京话日报 1906.03.22-4]

上 3 例中，"串"分别与"项圈""泪珠儿""字"组配表义。类似的名词再如：别号、电灯、念珠、肉等。

2.旧时制钱单位

（5）天气阴晴不定，知道是清明时节到了，有一天，忽然有个人来拿一串纸钱，挂在我头上。[申报 1916.04.30-14]

（6）袁宫保委候补府李映庚，带了一万串现钱，星夜前往赶放急赈。[京话日报 1904.08.16-4]

关于清末民初时期的钱币系统，白话报刊中曾有专门介绍，我们摘录部分论述如下：

买卖货物必有价目，价目的高低，必定有一种物件做标准，才可以分别得出来。货币是分别货物价目高低的标准，我们所用的银元（俗叫做洋钱）、制钱（俗叫做铜钱）、铜元（福建人称做铜片）和纸币（就是钱票和钞票我们福建所用的台伏也是这一种）。

现在通用的一个当做一文，往时也有一个当做十文、二十文，不大通用。一千文叫做一贯，俗语叫做一串，又叫做一吊，各地方也不同，有以九百八十文为一吊的，有以九百六七十文为一吊的，又有七百五百为一吊的……

白话报刊中，由实物转喻而来的抽象名词用法如下：

（7）巡兵不准空车停放，老爷大怒，恶声恶气的骂了一大串，巡官惹不起老爷，上前说了许多好话，还不肯干休。[京话日报 1906.02.05-4]

（8）换一片婆心佛口，口头禅语，便唱出一串珠喉。[新小说 1904（87）2]

例（7）—例（8）中，"骂了一大串""唱出一串珠喉"。前者计量被省略的中心词"话语"，后者"珠喉"形容人的嗓音优美悦耳。

第三节　动状类集体量词

在集体量词中，动状集体量词数量最多，由于多数不可数的事物通常可以凭借与其相关的动作行为来称量之。从语源上来看，动状集体量词基本都是从动词语法化而来的，由于来自相关动词，称量的对象多为不可数名词，因此其表量往往是不确定的。本节主要介绍"把""包"两个动状类集体量词，下面分别论述。

【把】

《说文·手部》："把，握也。"本义是握持。引申为量词，表示一握之量。先秦两汉文献已见，清末民初时期沿用之。李秋杨、陈晨（2010）认为："做集合量词来计量能用手抓起来的事物是凸显了'手'的作用，通过语义转喻而发生语法化的过程。"[41]下文具体分析：

据统计，清末民初白话报刊中，量词"把"共出现 268 次。

1. 计量手握的事物

（1）李持到有见识，带了一大包的干饭，以备充饥之用，现在见了他们二人，饿得不像样了，心中十分不忍，便取出一把干饭，分与王氏兄弟。[少年 1911（04）06]

（2）饶鸿生的姨太太，看见盘子里无花果，红润可爱，便伸手抓了一把，塞在口袋里。[绣像小说 1905（47）259]

（3）日本有个叫作关三生的，常常的焦愁，打算找个有机物体，作为豚的饲料，一日走到水边，见那水藻像锦似的，他就暗地里念诵，这个物件，或者可以作为饲料，于是叫人拿了一把，回到牧场喂豚。[北直农话报 1906（9）18]

（4）李忠向前留神一看，见南明中间屋沿之下，立着一人，

〔41〕李秋杨，陈晨. 汉语量词"把"的认知研究 [J]. 长江学术，2010（02）:131-137+164.

一手攥着一把瓜子，一边刻着，一边向台上喝来。[京话日报
1918.01.05-6]

类似的名词再如：钱、筷子、糖、稻草、树枝、沙土、胡
须、辫子、眼泪、鼻涕等。

2.计量有把手或类似把手的器具

（5）床边侧睡着一位年幼女子，穿一双黑皮靴，右手握着
一把刀柄，那刀锋全扎在心口。[通俗周报 1917（6）13]

（6）模型上面安放了一把的针，那针却专镶进模型凹的地
方行走，所以针走什么地方，那八柄的刀，也走什么方向。[少
年 1911（08）06]

（7）惠如一一听在耳朵里，好像一把把锥子一般，直刺入
心里，见了人也不敢抬头。[小说画报 1919（21）24]

（8）前个月，有个卫兵拿了吴尚奇一把钢皮尺要走，吴尚
奇问他讨，他不肯，两下争执起来。[小说画报 1919（19）107]

（9）两边虽都有些土枪，与那旧的洋枪，见那人手上如此
精利的一把军器，那里有人敢上来对答。[福建白话报 1904（2）
27]

（10）两旁一边架着一支天台藤杖，一边插着一把棕拂，上
面写着方丈二字，旁边一副对，写的十分奇倔。[绣像小说 1904
（29）02]

例（5）—例（10）中，量词"把"分别计量"刀柄""针"

"锥子""尺""军器""棕拂"。

（11）我已在围墙的窗上，挂着一把绳梯，预备不虞了，于是引着各人到那墙下。[新小说 1903（06）119]

（12）嬷嬷便端着一把小凳子给我坐下，卷起我的衣袖，与我揉了几揉。[小说画报 1917（7）24]

上二例中，"把"称量"绳梯""凳子"，其来源是行为动词"把"，即"握住"义，与上几例中"把"计量长条状事物的来源不同。

3. 计量抽象事物和人

（13）今把吴郡白话报的宗旨、门类、体例记在下面，列位请看，一把各种粗浅的道理学问，现在的时势，慢慢的讲给你们知道。[吴郡白话报 1904（1）03]

（14）这射雕手不象是我们这边人，我们这边用的箭大似这个箭眼，并且近来也没这把好手能够射雕，大概是从别处来的了。[小说画报 1918（14）107]

（15）你手法又精工，做又做得快，宁波城里算得第一把手了，难道赚的钱还不够用，弄到欠债么？[绣像小说 1905（44）02]

（16）栖桐一病，直到十一月中旬，方才轻减了些，还是请了个西医，用西法调治，才把他的血止住，可是早已气索神枯，瘦骨不盈一把了。[小说画报 1918（14）154]

例（13）—例（16）中，量词"把"分别称量抽象名词"学问""好手""职位""瘦骨"，这一用法一直延续至今。

【包】

《广雅·释诂》："包，里也。"是由"包里"义引申而来的，用于称量成包的物品。先秦两汉文献已见，后世因之。

据统计，清末民初白话报刊中，量词"包"共出现388次。

1. 计量成包的东西

（1）店里所有的机器却有六七张，都是从日本买来的，每张机上只须一人，每人每天可织毛巾三十余块，棉纱一包，可织毛巾四十余块。[杭州白话报 1902 第 2 卷（06）01]

（2）礼拜六拍卖……制革黄牛皮四千磅，全铜洋烛机器三百余只，并另件弹子五箱，印度纱十支……五子夺魁东洋纱一包……[申报 1913.10.23-04]

（3）四月初一撬门进去的，偷的是十二件皮衣，一包首饰，首饰是一付包金镯子，两对耳环，两根包金簪子，一个银项圈。[绣像小说 1905（50）02]

（4）这些没有大良的官，还要狠命的搜括，一个船提盐六包，一包有六百多斤，你想一年要括多少银子。[京话日报 1904.8.30-33]

（5）摩尔想了许久，果然想出一个新法来，先把这小虫引在没有淡气的东西上，教他变成僵虫，临到要用时，再用化学

药粉一包，冲在极洁净的凉水中。[敝帚千金 1905（8）19]

（6）凡百事情总有个正面反面，譬如做淫书的人，他那反面就是戒淫，他到归结的地方，终是说得苦口婆心，却在中间已经一包火药塞在里面，我也不能怪你们开书局子的人。[小说画报 1918（14）14]

（7）伍升又拿出些钱来，买了一瓶酒，一包熟菜，躲在门房里大家吃喝（与林雨生那一边遥遥相对）。[大共和日报1914.12.16]

（8）光阴迅速，不觉住了一月有余，老绅士封了五镑金钱，又有一包书，命送往书店去。[少年 1913 第 2 卷（09）18]

（9）德胜门外马甸街，住着一个周某，日前由张家口贩来一包烟土，住海淀清华园车站下车。[京话日报 1914.03.07-3]

例（1）—例（9）中，量词"包"分别计量"棉纱""首饰""盐""药粉""火药""熟菜""书""烟土"等各类名物词。

2.计量眼泪

（10）这人不懂，就近前问他道："你买的酒在那里，为什么在这里哭？"多虑含住一包眼泪，答道："我出门的时候，忽然看见铁斧挂在门头上，怕他落下来伤人……越想越苦，所以大哭起来"[中国官音白话报 1898（24）14]

（11）"别哭！"湘帆使劲说，他调转头来，深陷的眼眶里满含一包热泪。[小说时报 1922（05）05]

（12）康太尊已从里间房里迎出，大家先上去一躬，然后让到房间里坐，一看床上，正睡的是少爷，三四个老妈围着，康太尊含着两包眼泪。[绣像小说1904（37）208]

此用法宋代已有，但其使用频次较低。如例：

书寄与、天涯去，并相思、红泪一包。（宋·萧崱《恋绣衾》）

宗守云（2007）："吴方言中有这样的说法，即'肚子里除了一包坏水，再什么都没有。'〔42〕"综合上几例可知，其白话报刊的发行地多为上海，正处于吴语区。因此，我们认为，量词"包"计量"液体"类事物来源于方言用法，并未进入普通话量词系统。

第四节　其他类集体量词

这一节，我们主要介绍两个其他类集体量词：抹、团，分述如下。

【抹】

唐代杜牧《池州送孟迟先辈》："大江吞天去，一练横坤抹。"中的"抹"是涂抹的意思，量词性质由此得来，始见于隋

---

〔42〕宗守云.论量词"包"对名词性成分的选择 [J].柳州职业技术学院学报，2007（04）:92-95+100.

唐五代文献。到清末民初时期，用于称量云彩、须发等，用例较少。程国珍（2004）认为："其实'抹'的量词用法是从动词用法借用而来。"[43]下文举例说明：

据统计，清末民初白话报刊中，量词"抹"共出现65次。

（1）他小妹一壁走一壁哭，到树林中去寻他阿兄，然而寻到东寻到西，寻遍了一带树林，那里见甚么影儿，但见大半黑压压的横着一抹夜云，但听得研罗溪中做着呻吟之声。[大公报1917.09.03-9]

（2）那时晚霞一抹，红得可怜，他独坐在河滨一块草地上。[申报1915.07.25-14]

（3）忽而夕阳在山，前途如墨，遥望日光返照之处，有白河一抹，如线如墙，瞬息而至。[绣像小说1903（07）04]

（4）到了傍晚的时候，车夫指着远远的一抹烟中隐隐的楼阁，对荣豪说道："那便是伊哥克府所在。"[安徽俗话报1904（14）29]

例（1）—例（3）中，量词"抹"计量"夜云""晚霞"等；例（4）计量"烟"。

量词"抹"还可以计量"须发"，如下：

（5）那甄玩古便发气道："我决计改迟两日，你们要走，却

---

〔43〕程国珍.小议"抹"的量词用法[J].辞书研究，2004（05）:134-135.

也由你。"胡子一抹，便扬长而去。[杭州白话报 1903（16）02]

例（5）说明量词"抹"计量"胡须"来源于动作"抹"。

（6）此刻的军界中人，却有和白面书生一般秀怜怜的身材，再加上鼻下一抹小胡子，愈显得英英露爽。[小说画报 1919（20）6]

（7）那人似乎已料到我要瞧他，立刻把头旋了过去，我更回眼瞧时，已瞧不见他的面庞，所见的不过是一头薄薄的头发，和一抹红红的髭须。[小说时报 1916（28）06]

【团】

《说文·口部》："团，圜也。"本义指圆形，引申义有圆形的物品，由此引申为量词，始见于隋唐五代文献。到清末民初时期，量词"团"获得了进一步发展。

据统计，清末民初白话报刊中，量词"团"共出现 221 次。

1. 计量具体物

（1）是时天已黑，不甚能辨物色，只见前面一团茂树，枝干下垂到地，俨如屋盖。[新民丛报 1902（08）89]

（2）那扑儿正在等我，一见我去，便取了一团纸，授在我手内。[小说时报 1909 第 1 卷（02）07]

（3）今日休言明日事，巧人总是拙人奴，两团鼻涕原胎迹，一味妆呆作弄夫。[安徽白话报 1909（03）33]

例（1）—例（3）中，量词"团"分别计量"茂树""纸"

"鼻涕"等成团状的事物。"团"还可与气体类事物搭配表义，如：

（4）地球起初从太阳中分出来，就是一团最热的气，热渐减了变为液体。[安徽俗话报 1905（21、22）04]

（5）盗贼越跑的快，追的人越追的快，正在刚要追到还没追到的时候，但见盗贼这边，施放手枪，一团一团的白浓烟中，也有跌倒的，也有受伤的，也有回枪的，一阵子的倒乱。[顺天时报 1907.06.04-5]

类似的实体名词还有：黑影、肥皂、圆石、棉花、茅草等。

（6）他尽管一语不发，可是楼下早嚷成一片，不知说些什么，只听得咭咭刮刮，夹着一团笑声，乱糟糟的透过楼板。[小说时报 1922（01）02]

（7）这个人生得丰彩清扬，身材伶俐，双眉挹翠，二目澄波，面若凝脂，肌同镂玉，满面上显出一团俊俏，满身上堆着无限风情。[申报 1910.03.09-26]

例（6）和例（7）中的"笑声"和"俊俏"处于实体与抽象物之间的过渡。量词"团"进一步语法化的结果，就是称量下面的抽象名词。

2.计量抽象物

（8）天下办事人，不可无一副大苦心，不可无一腔大热血，不可无一具大耐性，不可无一组大韧骨，不可无一团大毅力，

不可无一方大肚皮，有此数端，何事不成。[竞业旬报 1908（11）22]

（9）大公报出世，已竟三个月了，整天的鼓着一团精神，拿着一支破笔，东抹西涂，说长道短，究竟有什益处，到底是什意思呢？[大公报 1902.09.13-03]

（10）爷娘没有不爱自已的孩子，孩子没有不爱自已的爷娘，这个一团固结不解的天性，别人是万万不能比的。[江苏白话报 1904（01）19]

例（8）—例（10）中，"团"分别与"毅力""精神""天性"组配，这类抽象名词均为"人的内在气质"类名词。

（11）那老师反弄得一团疑心，想了半天主意，打出一个回信稿子。[新小说 1905（153）05]

（12）不多时，店小二一手拿着一柄酒壶，一手捧着四碟小菜，无非是油鸡、燻鱼、腌白菜、酱黄豆，陈隐一团高兴。[杭州白话报 1903（1）04]

上二例中，"团"计量"疑心""高兴"等"人的内心活动"类名词。

第四章

清末民初集体量词之非外形量词研究

在人们的认知过程中，认知对象除了外形特征会突显出来外，与其他事物间的关系或其所构成的整体也会突显出来，并且成为这类认知对象的凸显特征，集体量词的语法化通常正是基于此类特征逐步进行的。

本章将从定指和非定指两方面对非外形特征类集体量词进行讨论分析。

第一节　定指型集体量词

定指集体量词，通常指其数量是有定的，在清末民初白话量词中，此组共有双、对两个，均表示双数，虽然此类量词在清末民初白话量词中数量不多，但使用频率极高，故汇为一组，分述如下。

【双】

《说文·雔部》："双，隹两枚也。"用作量词，先秦文献已见，常用来称量成对的事物。至清末民初时期，量词"双"的称量范围稍有扩展，但并未延伸至抽象名词范畴内。吕叔湘（1999）认为："用于左右对称的某些肢体、器官或成对使用的东西（多半是戴在肢体上的）。"[44]

据统计，清末民初白话报刊中，量词"双"共出现532次。

1. 计量人及其相关物

（1）人类馆门口立着一双男女，是印度人；门内坐着一双男女，是安南人；倚墙而立的一双男女，是朝鲜人。[杭州白话报1902第2卷（16）01]

（2）广东有一富商，去到美国做买卖，恰恰他有一双老婆，登岸的时候，被美国官吏查着了，不准他上去。[竞业旬报1908（29）37]

（3）待到老人安寝罢，听其鼻息已无声，他方分遣诸人等，一个个，卧榻宽衣把梦寻，计算时光已三鼓，果然少主入中庭，一双主仆房中见，遵照前言把事行。[绣像小说1903（05）05]

例（1）—例（3）中，量词"双"分别计量"男女""老

---

〔44〕吕叔湘主编. 现代汉语八百词（增订本）[M]. 北京：商务印书馆，1999：507.

婆""主仆"。限于篇幅，我们仅举了较为特殊的 3 例，发展到现代汉语中，它们已不再使用了。可见，清末民初时期量词"双"称量"人"时，更多的是考虑"数量"，使用上较现代汉语自由。

2.计量人的器官、肢体等

（4）钝三一面说，一面哭，一面举起一双泪眼，定睛的看着凤美的脸。[新小说 1905（77）04]

（5）倘然被他们挖去一双眼珠，便失了我自主的权柄，做了废人。[绣像小说 1903（13）23]

（6）咳！不想这个老东西，头发光秃秃……而且这一双 X 光线似的眼睛，瞧到那里，便洞烛无余。[小说时报 1912（16）04]

（7）弗伦无意之间，忽听了福池正太郎的两句话儿，似乎是在那里怪他的意思，便连忙抬起头来看，一看福池的面色时，只见他瞪着一双锋芒闪烁的眼光，刚刚的注在自己面上，觉得狠不舒眼的样儿。[申报 1907.10.14-18]

（8）但见他，泪容满面，好似一枝带雨梨花，心中由不得生出怜悯来，偏上这吉特氏，一双眼泪，朝看多尔衮，面上去洒。[星期小说 1911（71）35]

（9）那少妇果然回话了，我把十分的精神，全放在一双耳里，没有听见第三声的说话。[南浔通俗报 1905（9-10）52]

（10）我从此，只觉得怏怏不乐，铺中事务，再也无心去留神，两个眼珠，只望那掌柜滴溜溜的注着，一双耳膜，便向那壁厢静悄悄的听着。[小说林 1907（07）127]

（11）依他的说法想来，那怕一秒钟发六十多弹的机关炮，只要国会议员的一双拳头，就挡得住了。[竞业旬报 1909（40）34]

（12）当下妙儿把一双雪白粉嫩的玉臂，钩住了他老子的颈脖子，又把香腮紧贴在他老子的脸上。[新小说 1905（37）08]

（13）晚上八时，有许多男女，在调丰路边围着一个卖唱的听唱，这人把一对铙钹系在一双膝上对挝，手中还击着鼓板，唱得正有兴头。[东方杂志小说 1915（12）1]

（14）孙公是一双剑眉，长身鹤立，穿着哔叽呢大衣，手里一根手杖，头上高帽，足下皮靴。[小说画报 1917（07）84]

（15）一个小窃，跑到人家，黑头里摸来摸去，摸到塌上，心里想有什么物件，把两手很命一掇，却掇起了光滑滑一双屁股，原来是一个汉子赤着身体，睡在那张榻上。[南浔通俗报 1905（13、14）53]

（16）你道男子娶了一个妻室，总要勤俭作家，如同多了个男人一般，家道自然兴盛，却但小了一双脚，凭你强健，也只剩了半个人。[苏州白话报 1901（05）01]

例（4）—例（16）中，量词"双"分别计量"泪眼""眼珠""眼睛""眼光""眼泪""耳""耳膜""拳头""玉臂""膝""眉""屁股""脚"等人体类名物词。白话报刊中,类似的名词还有:眉目、长须、眼角、耳孔等。

显然,在转喻的驱动下,量词"双"的语法化程度越来越深,从"眼睛"到"眼珠",进一步至"眼角",进而到"眼泪"甚至到"眼光"。同样道理,从"耳朵"到"耳孔",再进一步到"耳膜"也是同样的泛化路径。

其中,现代汉语中,"双"计量"眼泪""眼光""拳头""屁股"等用法,都已不再使用。

3. 计量成双出现或使用的东西

吕叔湘(1999)认为:"跟肢体、器官无关的东西不能用'双',只能用'对'"[45]显然,清末民初时期的量词"双",这些非肢体、器官类的名词都可计量,直到现代汉语中才消失。例如:

(17)董贤举抢起一双阔板斧,径奔安抚使。[新小说 1905(264)10]

(18)门外有双铜柱竖立着,又高又大,异样的壮观。[顺天时报 1907.02.23-5]

(19)燕知县一听,点头称是,话不多叙,女牢子把金条

---

〔45〕吕叔湘主编. 现代汉语八百词(增订本)[M]. 北京:商务印书馆,1999:507.

一双，接在手内，磕了个头，爬起来往外就走。[星期小说 1911（115）40]

（20）继之夫人拿出一双翡翠镯子来道："这是人家要出脱的，讨价三百两银子，不知值得不值得。"[新小说 1904（38）03]

（21）天门庄家的骰子已掷了下去，坐在天门上的朋友，把两双牌两起摸出，先摸了一双人牌，再摸了一双很小的点子……原来他一双梅花，一双四六统，共是二十点。[小说画报 1918（16）11]

（22）伯爵就下了阶，出院子去，一步一步，去到大门口，这双大门，关得很坚固，很不容易开的。[新小说 1903（94）05]

例（17）—例（22）中，量词"双"分别计量"阔板斧""铜柱""金条""镯子""牌""门"。以上诸例的用法，在现代汉语中，都已经不再使用。取而代之的多为个体量词，如"两根铜柱""两根金条""两张牌""两扇门"。

（23）那一年一双燕子，飞到他楼前灯架上，造了一个窠人，说他有登科之兆，果然这年中了。[南浔通俗报 1905（08）27]

（24）还有一个台湾馆，是仿中国衙门的样式，门口竖着两根红旗杆，摆着一双石狮子，门内有五个泥塑人形。[杭州白话

报 1902 第 2 卷（16）01]

上二例计量"动物"类的"燕子""石狮子"，二者均为经常配对出现的事物。

（25）法寄痕勉强笑了一笑，穿上了一双贱价的手套，又拿个灰色羊毛巾，围在颈上。[小说林 1907（03）33]

（26）那宗明辫子是剪去了，头上披着四五寸长的头发，前面连额盖住两边，差不多垂到肩膀，身上穿的却是件蓝竹布长衫，脚下登的是一双洋式半截的皮靴。[新小说 1903（130）03]

例（25）和例（26）计量"穿戴在肢体"上的物件"手套""皮靴"。

（27）他和意中人在那俱乐部的园中散步，映着冬月寒光的草地上，独有这一双人影。[小说时报 1922（02）04]

（28）杜番一辈，沿途留神四望，绝不见有人烟起处，那白砂之上，一双足迹也没有，此地当是无人之境了。[新民丛报 1902（10）89]

显然，例（25）中的"人影"必须成双出现，因为主语是一对情侣；"足迹"也必须是"成双"才能确认是"无人区"。

因此，清末民初白话报刊中，看似随意的量名组配，背后都隐含着深厚的语义学理据。

【对】

《说文·丵部》："对，应无方也。"本义指回答、应答。引申为成双成对，由此作为量词，始见于隋唐五代文献。到清末民初时期，主要用来称量成对的人或者事物。

王素平（2005）认为："'对'主要用于非天然的或人为形成的两个在一起的东西，通常用于按性别、左右、正反等配合的成双的人、动物或事物等，有时也用于在一起的同类的人或物。"[46]举例如下：

据统计，清末民初白话报刊中，量词"对"共出现328次。

1. 计量人及其周边物

（1）他两人告了一声罪，便带起一对倌人，一对大姐走开了。[新小说1903（130）14]

（2）这一对可怜虫，我誓必尽力成全于他，才了心愿。[新民丛报1906第3卷（24）101]

（3）这小孩子犯了那可恶的病症，登时食思不振，夜眠不安，渐渐发起热来，在三十九度至四十度之间，可爱的一对青瞳，渐渐失其光泽。[小说时报1912（16）5-6]

（4）那一班贵女，见了这般怪相，那里忍得住，都把一对水汪汪的秋波，看着他不住的笑。[申报1907.10.07-18]

例（1）—例（4）中，量词"对"分别计量"倌人""可怜虫""青瞳""秋波"。

---

〔46〕王素平. 量词"双"与"对"的辨析 [J]. 云南师范大学学报，2005（04）:57-59.

2. 计量动物

（5）鸽鸟的种类不一，惟角头、毛腿、大眼、小嘴的为最贵，一年之中，除六月十二月外，月月生卵二枚，孵小鸽一对。[江苏省公报 1917（1313）9]

（6）我前儿买了一对酱色骡子，化了四百银子，毛片儿一模一样，连城根周家那对，都赶不上。[绣像小说 1904（23）02]

（7）过牌坊有一道桥，一下桥头儿，走十几步就是宫门，宫门两旁有一对青铜狮子。[大公报 1913.12.20-06]

3. 计量事物

（8）现在明白的人，不是说中国和高丽，是东方一对儿弱国么？[杭州白话报 1903（04）12]

（9）日前派人自南阳解到省城二大车，并有石心椅桌数十对，令图书公司代派。[竞业旬报 1908（18）34]

（10）百姓连忙站过一边，只见前面来了一对龙凤日月旗，随后跟着许多銮驾提炉，旌旂斧钺。[新小说 1904（04）10]

（11）我见怜道先生说："他新买一对金丝边的眼镜子，还是前回拜会我们老爷带过一回，上学这一天带过一回，到现在四五个月没有带过。"[小说林 1907（07）49]

（12）美治阿士和霞那那四只眼睛，是时也把两对光线，交起点来，彼此都露出一种，欢爱的颜色。[新民丛报 1906 第 4 卷（12）95]

例（8）—例（12）中，量词"对"分别计量"国""桌椅"
"龙凤日月旗""眼镜子""光线"等。

与"双"比较，二者称量范畴相同，但"对"的称量对象
较少。

第二节　非定指型集体量词

根据量词的语源及其与名词的双向选择关系，本书将清末民
初白话报刊中的非定指类集体量词分为：配套类、群体类、属别
类三大类。我们发现，清末民初白话报刊中，非定指类集体量词
种类丰富，数量众多。限于篇幅，每一类中我们选取两个具有代
表性的量词词条进行描写分析，下文我们分别阐述。

一、配套类

配套类集体量词是指与量词组配的名词并非像"双""对"
那样具有数量上的定指性的量词，其称量对象内部构件数量不
定。具体来说，有两个部分构成的，也有三个及以上部件组配
而成的名物。本书介绍具备典型性的两个：具、副。

【具】

《说文·廾部》："具，共置也。"本义是准备、备办。引申为
完备的意思，用作称量成套的物品等的量词，西周金文已见。到

清末民初时期，量词"具"获得了进一步发展，其组配的名物结构一般都较为复杂，部件数量也较多，可以用于称量木柜、灵枢等配备具足的事物。

据统计，清末民初白话报刊中，量词"具"共出现132次。

1. 计量配合充足、成套可用的器物

（1）今将养蚁量五钱的器用开列于后，常用品：蚕匾四十个，给桑台二个，切叶板一块，桑刀（大小）各一把，磨刀石一方，盘杆一具……桑梯一具，草席二张……[竞业旬报1906（04）20]

（2）伯生把屋中细细打量一番，却见绳床竹几之外，只有炉一具，蒲团一个。[小说画报1918（16）131]

（3）这教室在楼上，兼充礼堂，面积甚大，桌椅都已撤去，三具教坛排列中央，宛如舞台一般。[申报1914.11.11—14]

（4）申大头亦刚刚走到仪门口，只见迎面来了两个人，抬着一具抬箱，吆呼着很觉吃力。[绣像小说1904（26）150]

（5）两人的视线，呆瞪瞪的都钉住在几具玻璃橱上，却有些依依不舍的光景。[小说时报1913（20）12]

（6）旅顺战时，有十二寸径炮弹，坠在阿思哥舰面，将该舰两大炮炸裂，弩维舰亦受伤，碑宴舰已被炮击去烟筒一具，船上诸人，被击死者共二十二名。[中国白话报1904（07）49]

（7）壁上悬有仪器电话之属，式样不一，皆非常见之品，

故多有不能名状者，又有长凳一具，横贯中间。[新小说 1905（131）05]

例（1）—例（6）中，量词"具"分别与"盘枰""桑梯""炉""教坛""抬箱""玻璃橱""烟筒""长凳"，这类名物均为承古而来。类似的名词还有：望远镜、石磨、鼓、罗盘、木匣等。

下面几例中，量词"具"称量清末民初时期的新进事物，这类名物全部为外洋引入，进入汉语词汇系统后，需要有相应的量词与其组配，"具"是最佳选择。

（8）回头一想，自己吃了苦，现在有了这种器具，若是有资本替国家造几具，便可横行天下。[东方杂志 1918（08）01]

（9）高阳织业，系一种家庭工艺，每家织布的人，三四个或五六个不等，织厂的机子，也不过一二具或三四具，五具或十具以上的，很不多见。[江苏省公报 1917（1391）10]

（10）兹将九月十七号（即中国八月初八日），查得日军所获的战利品数目开下：枪一万五千九百八十五柄，犁五千六百三十九具，斧二千五百十柄，旋灯三具，返光灯三具，野战德律风六具，牛肉一万八千九百十五罐……[中国白话报 1904（21-24 合期）177]

（11）这城里有几处乐部，里面的乐工，演习纯熟，无所不能，用德律风由各乐部通到各家，有愿装的，每年出费多少，

就可以装一具，价值很廉，所以家家都有。[绣像小说 1904（28）25]

（12）项蒙匪自索伦山而来，沿屯抢夺枪械子弹，胁迫良民，乌合数千名，刬夺蒙屯马群万余匹，并有炮数尊，机关枪二具，粮食百余车，财货百余车。[京话日报 1917.12.04-2]

（13）自四月二十日以来，常常在大连湾搜查海面，于二十三日午后，查出机械水雷四十一具，当即爆沉。[中国白话报 1904（13）54-55]

例（8）—例（13）中，量词"具"分别计量"器具""织布机""旋灯""反光灯""德律风""机关枪""机械水雷"。

同样，此类新进的外洋事物与"具"的组配，具有"临时性"特征。发展到现代汉语中，"一台机器""一部电话""一挺机枪""一枚水雷"已取代量词"具"的用法，在语言的精细化发展趋势中，量名组配趋向稳定。

2.计量人体、棺木

（14）前数天的大主顾何不幸，前数天的敝舞台何更不幸，三具好角儿，一个齐生病。[申报 1916.10.22-13]

（15）现在天气晴和，不免操演一番，炼出一具钢筋铁骨，将来好替俺国家出力。[绣像小说 1904（31）03]

上二例中，"具"可称量"人的身体"。这一用法现代汉语中已消失，仅剩计量"尸体"类的用法。清末民初时期的用例如下：

（16）王将军保重，好替满城百姓报仇，我先完我的事去也，说罢跳下马来，奋身向火炽处一跃，可怜一具忠骸，就此化成灰烬。[新小说 1903（158）07]

（17）有一棵古树，是千年的老树，有一天，被雷劈了两半，这树里现一具全体的人骨头，仍旧站着。[京话报 1903（5）12]

下例"具"计量"棺木"例的可能来源有两个：一是来源于计量成套物件的"箱柜"类，二者具备外形上的象似性；二是来源于"具"组配"尸体"类的转喻泛化。

正如宗守云（2012）所说："但这些动因只提供解释而不提供预测、这一范畴包含了哪些成员，都是可以得到解释的；这一范畴没有包含哪些成员，却是无法预测的。"[47]

（18）哑童姓张，年十五岁，四日因伤身死，车站将哑童父张某，传来认领，因无力发丧，经路局给恤银二十五元，棺木一具，收敛抬埋。[京话日报 1914.08.07-4]

【副】

《说文·刀部》："判也。"本义是分判，引申为配合、分合，由此用作量词，魏晋南北朝已见。清末民初白话报刊中用例广

---

〔47〕宗守云.汉语量词的认知研究 [M].世界图书出版公司北京公司，2012：58.

泛，主要用于称量成套或者成对的物品等。

据统计，清末民初白话报刊中，量词"副"共出现 781 次。

1.计量成对或成套的事物

（1）大女儿阿芳道："我要打一副金镯头，一只金手表，还要一只金戒指，一只嵌宝戒指。"[小说时报 1922（03）08]

（2）向来清官去任，百姓留靴，应得百姓拿出钱来，先买一副新靴，预备替换。[绣像小说 1903（11）58]

（3）爱琴道："妇人家患着这病的狠多，如今你只须把这副手套戴上，也可以脱却从前的本来面目了。"[小说林 1907（04）90]

上三例中，组配成物的个体数量为"二"且其各个个体之间的本质属性相同。其中，例（1）中的"金镯头"表示的两个个体之间完全相同，均为"镯头"；如例（3）中的"靴"和"手套"表示的两个组成部件"左手套"和"右手套"，并非同一物，但二者均为"手套"必须组配起来才能发挥其功用。

下面几例，虽然数量上为"二"，但是其构成物的本质却不相同，为不同物之间的组合。例如：

（4）子圣最喜洁净，嫌这位表兄的被铺太污糟，替他换了一副，方才收拾停当，里面开出饭来，却是外国吃法，尽用盘子装的，刀叉摆了三副。[绣像小说 1905（49）05]

（5）我得了生机了，便先安了心，在房内娶了个火，拿了些煤，生着了火炉，先寻些面包食物来吃，再寻那房内，在衣箱里，又寻出一副衣服来。[新新小说 1904 第 1 卷（04）12]

（6）现在听说城外可以打猎，我倒要置备一副弓箭哩！[小说画报 1918（14）107]

清末民初白话报刊中，量词"副"计量对象数量最多的为"多物组配型"名词，其组成构建的数量均超过"二"。举例来看：

（7）杨老先生的儿子，号叫雄甫，手极灵巧，就照了周文甫画的图样，造成一副机器，做出蜡烛来，又快又好。[中国官音白话报 1898（9、10）04]

（8）我可以用两根铁丝在地上管理他，说着拿里面机器关住，拿船尾旋转船身机关，整了整，然后放在地上，拿艇内四副机关，一齐开动。[东方杂志 1911（08）2]

（9）那卫兵喜得千恩万谢出去了这里，督办一面将还有的三副铁甲，一副赏与卫队队长，一副差人送与上海军务总裁，另遣专使赍了一副，乘火车去送与那什么省的督军。[小说画报 1919（19）95]

（10）近来摩洛哥国王，制造一副照相器，算是世界顶重的了，据说那一副的照相器，全是用纯金制的，值钱一万三千元。[少年 1912（11）05]

（11）在下曾经打听日本国纸塑的人身解剖的模型，大号的小号的，都分着甲乙丙三种，大号的甲种要卖到银钱四百五十元一副，做耍货的改做了人身解剖的模型，做了一副就可以供给一家门一年的开消，不是一件快事吗？[白话报 1908（03）07]

例（7）—例（11）中，量词"副"分别计量"机器""机关""铁甲""照相器""人体模型"等事物，在各部位组配发挥功能的基础上，其强调的是物件的"精细化"程度高。

（12）这所茅屋里面，靠窗摆张白木桌，上安着一面镜子，一副梳具，坑角靠墙上，挂了一把三尺长的单刀。[小说画报 1918（13）93]

（13）楼上客厅，当中设一张圆桌子，铺了台巾，摆着几副刀叉碟子，似是将近晚餐的模样。[新民丛报 1906 第 4 卷（07）113]

（14）我等方拟配置精美之烧饭器具一副，总括而置于小皮包，又配合食单一纸，讲办食物简便法之说明书一小册。[新青年 1918 第 4 卷（2）78]

（15）蠡亭同崔保正挽了手，后面赵文赵刚押了两乘轿子，一副行李，汤麻子又同许多学生的家属都进门来，把老妇堂前挤得实腾腾地。[小说画报 1917（11）162]

（16）首县立刻叫人，从自己衙门里，取到一副被褥床帐，如缺少甚么，立刻开条子去要。[绣像小说 1903（03）14]

（17）不论是什么生意买卖，铺里全预备一副麻雀牌，不但

趋时，且可以联络朋友。[大公报 1910.01.31-6]

（18）你且顺从了我，我有法子叫你把仲达的事忘个干净，说罢走到里间，取了一副电池，及各种湿电机器，一一配置好了。[新小说 1905（49）08]

（19）我那副石凳，买他时也要二百块钱，难道我就任他不成？[小说画报 1917（05）78]

例（12）—例（19）中，量词"副"分别与名词"梳具""刀叉碟子""烧饭器具""行李""被褥床帐""麻雀牌""电池""石凳"，此类名词均为生活类事物，更强调各部件之间的相互配合，才能正确发挥其功用。

2. 计量与"人"有关的事物

（20）这魏君智性迂才拙，志啬心贪，外面恰是一副忠厚长者，和霭可亲的模样，其实铜臭满腹，利欲熏心。[小说林 1907（09）41]

（21）这时候方老正好赏鉴赏鉴他这爱婿，只见袁吉谦脑袋太小，眉毛和眼睛并在一处，差不多要联起宗来，一副脸瘦得宽不及四寸。[小说时报 1922（04）09]

（22）爱丽丝生性聪明，又天赐他一副倾国倾城的美貌，一进了戏园，居然轰动一时，他那歌喉舞态，一时无两。[大公报 1918.10.05-11]

例（20）—例（22）中，"副"与表示"外貌"的"模样"

"脸""美貌"名词组配，显然，这些名词均由［＋眼睛］［＋鼻子］［＋神情］……等诸多义素构成。

（23）我在这里半天，看你走进来的时候，那一副神情，又见你号咷大哭，我便不能再冷眼了。[绣像小说1904（27）17]

（24）天未正午，邢兴已到了村上了，胡胜标接着，自然另有一副神气，当下邢兴把预备下的礼物，什么尺头等类，送了些到胡家。[绣像小说1904（39）04]

（25）那天到颜子如家访曾仲诚不着，又受了子如门公一肚皮闷气，道上冲了一乘轿子，坐轿的恍惚就是桑慕韩，那副不瞅不睬，满脸官腔，说起来还令人恨。[小说画报1917（09）107]

（26）刘万福虽不通文墨，配不上那位女先生，但他那一副秀逸的气度，怪可爱的。[小说时报1922（01）05]

上四例中的"神情""神气""气度"与量词"副"组配，表示人的精神面貌和气质。

清末民初白话报刊中，量词"副"还可以计量身体。如例：

（27）那伏女传经谢家咏絮，以及那史鉴上所载的烈妇、贤母、才女、淑媛，真是个车载斗量，无从算起，莫非是天公另外给他们一副身体，特自造他们几个资质么？[杭州白话报1902第2卷（11）07]

（28）茉莉儿却是俯首沉思，把路旁景物一概付之不闻不

见，眼中只有一张俊俏的面靥，一副斯文的身段，手中只有一只温温和和的手掌。[申报 1915.06.12-14]

（29）欧丽这时的颜色风采，全然变了样子，和前几天大不相同，好似换了一副骨相，又有丰情，又有气格，可当得秀丽二字。[绣像小说 1905（41）44]

例（27）—例（29）中，"副"分别与"身体""身段""骨相"组合。发展到现代汉语中，这一用法已消失。

由计量整体的"身体"转喻而来，"副"可以计量"组织器官"。例如：

（30）你看俺一丝不挂，积累全销，好把这副硬头皮，上顶天，下立地，做一番事业。[绣像小说 1904（40）13]

（31）那贼子倒有一副猫头鹰的眼儿，觑得这样准，好似打甚么靶子一般。[小说时报 1913（18）03]

（32）灵芝仔细一想，也不觉万种伤心，无从说起，只呀的一声，哭了出来，那一副沉冤奇枉的眼泪，早翻江倒海倾个不住。[小说画报 1918（16）135]

例（30）—例（32）中，量词"副"与"头皮""眼儿""眼泪"组合表义。其中，前二者均为身体组织；后两者"眼儿"和"眼泪"的泛化路径，与上文量词"双"计量"眼睛"直到"眼泪"的演化路径相似，这也说明了清末民初各量词之间的语法化过程具有相似性。

量词"副"计量抽象事物的频次较高，例证如下：

（33）对着人的时候，戴上一副假道学的面具，装腔作势，其实不过是圣人嘴，强盗心，衣冠队里的禽兽。[大公报1913.10.19-06]

（34）他堂姊仗着一副伶牙利齿，说了许多不中听的话。[小说画报1918（14）19]

（35）彼一时，此一时，人民从前是一副眼光，今日又常换一副眼光，居今日世界，还用着从前那副眼光，是万万不行的喽！[吉林通俗教育讲演稿模板1916（07）27]

例（33）—例（35）中，"副"分别与"面具""伶牙俐齿""眼光"组配表义，三者虽均为实体名词，但却表示其引申后的抽象概念。

（36）先前他原有个情人，叫做安东奈皮莱司，曾在大学堂毕业，学问出众，品行很高，不道他生就了一副怪脾气，竟撇下了如火如荼的前程，去做那阴冷清净的教士。[大公报1918.10.05-11]

（37）中国地大得很，钱也多得很，有了钱还怕不能练兵么？还怕不能兴学堂、兴实业，养成一副实实在在的力量，共政府抵抗么？[中国白话报1904（21-24合期）193]

（38）先生这等聪明，这副魄力，这些精神，真是超出常人，不知几多十万倍。[新小说1902（55）03]

上三例中的"副"分别计量"人的气质"类名词"脾气""力量""魄力"。

（39）若是差了一点儿，怕的境遇稍坏了一点，就要生出了一副悲时感遇的念头，相与的一班人，就要把些怀才不遇的话相标榜。[绣像小说1905（45）04]

（40）人民总不觉得有这个国家，于我有什么益处，所以这副感情，靡有机会发动，这原不能十分责怪吾民。[吉林通俗教育讲演稿1916（07）35]

例（39）和例（40）称量人的心理活动类名词，如"念头""感情"。清末民初白话报刊中，量词"副"还可以表示"人的本质属性"，如：

（41）你读石头记，断定把你这副灵魂儿和到贾宝玉身上去，到后来，林黛玉的泪也干了死了，贾宝玉也厌世而去了，花袭人也转嫁了，你的眼眶边就淌出泪来，忘着自己了。[竞业旬报1909（40）06]

（42）孟夫子说人性本善，孔夫子说性相近、习相远，可见天生一个人，原有一副极尊、极贵、极善、机灵的本性，从娘胎里就带出来。[京话日报1904.11.25-1]

（43）我教他们做时文的时候，三天工夫只读一篇，莪园白话的文章，都读不熟的，出书房不到十年，难道就换了一副心肝，登时宗明了不成。[绣像小说1905（48）03]

（44）说起这再造乾坤散修合的药料，也极平常，不过用英雄眼泪一掬，豪杰肝肠全副，忠臣心一片，孝子魂一缕，烈士血一腔，这几味药。[新小说 1905（212）04]

上四例中，"灵魂儿""本性""心肝""肝肠"等，均为表示人的本质属性的抽象名词。

3.计量其它类名物词

（45）我也不懂那些人偏不怕的，得那些新翰林同他点了点头，说了句话，便以为荣幸的了不得，求着他一副对子，一把扇子，那就视同拱璧。[新小说 1905（127）06]

（46）贫道今天有一句要紧话，请各位听听，比如一副毒药，各位拿来吃了，岂不闹得肠断肝裂而死吗？[启蒙通俗报 1902（03）01]

"对联"和"毒药"可分别与"副"组配表义，前者的构成部件为"二"，后者为"多"。

"本领""手段"等也能与"副"搭配，如：

（47）方振汉喜的称谢不尽，又道："若非钟兄断不能跳墙入内了，你这一副本领真可佩服，但此案到底怎样，我们还要想个善后之策才是。"[中国白话报 1904（08）71]

（48）他打鸟也有深意，并不是游戏三味，原来要练成了一副好身手，这时把那些小鸟晦气，预备将来去打那大鸟，替他父亲报仇咧！[小说时报 1912（15）10]

清末民初白话报刊中，出现了一种新的表量用法，即计量"财富"。例如：

（49）经营商业，有两副本钱，一个是有形的，一个是无形的，有形的赀本，便是银钱。[京话日报 1904.09.21-1]

（50）管狱的一面把他在狱中工作时的一笔存款交付与他，如此小本营生的一副小资本，已经有了着落。[大公报 1916.10.06-10]

例（49）中的"副"计量"本钱"，"有形本钱"和"无形本钱"均可；例（50）称量"有形资本"。

检索历代文献资料和前人研究成果，均未发现这一用法，为历时首见例，再一次印证了清末民初白话报刊语料在汉语史研究中的不可或缺的语言学价值。

二、群体类

群体与个体相对，是个体的共同体。不同个体按某种特征结合在一起，进行共同活动、相互交往，就形成了群体。群体类集体量词，是指计量具备某些相似特征或者人格属性群体的量词。本书主要讨论：班、起，下文分别阐述。

【班】

《说文·玨部》：本指分瑞玉，引申为赐予或分给。元代做量词计量"人"，一直延续至清末民初时期，但这一过渡阶段也出现了新的计量用法。

据统计，清末民初白话报刊中，量词"班"共出现 1525 次。

1. 计量人

（1）那一班无见识的，就说英国的兵，只能和法国海战，不能和法国陆战。[中国官音白话报 1898（19）01]

（2）仁伯道："但是较之说，真方卖假药的终胜一筹，要不是有这班子人，你们报上那里来这许多告白费收入呢？"[小说画报 1917（1）94]

（3）我们做百姓们的，父母妻子，身家性命，田地财产，全然交付在这班虎狼身上罢了。[杭州白话报 1902 第 2 卷（31）02]

（4）这夜正是十一月底，天上没有月，却淡淡起了层白光，虽说没起大风，寒威凛冽，却比起了风还加上几倍，冻得一班鬼魂同那些短路的，都缩了头不敢现影。[小说画报 1917（7）158]

例（1）—例（4）中，量词"班"计量的对象"无见识的""虎狼""鬼魂"等，多数为贬义例。

2. 计量定时轮换的工作

（5）王濬晓得百姓得苦，就定出规矩来，叫百姓分了好几班把守，一班去把守边疆，一班照常可以做事，可以休息。[通俗讲演书 1916 第 1 卷（6）10]

（6）外官新用三级制度，阴间事同一例，也应该急急的照

着改换一番，前天已经差了一班。[大公报 1914.06.22-13]

（7）会里就拿这笔归还的钱，再招那一班忌烟的，也是这么办法，一班顶一班，可就许把这穷抽烟的人，给忌点子啦。[救苦千金 1906（19）7]

例（5）—例（7）中，量词"班"计量"定时轮换的工作"，这一用法前代并未出现，为清末民初时期新产生的，直到今天，我们还在用"两班倒"这一说法。

3.计量定时开行的运输工具

（8）那驿丁见他是送上等客人的，不敢怠慢，恭恭敬敬的答道："要歇两点钟才开下一班呢！"[新小说 1904（9）74]

（9）有些人往往说这些小轮船很不好，把这班航船的生意，都抢了去了。[宁波白话报 1904（06）01]

（10）走到街上一看，只见那一班来来往往的人力车，都是破破败败的样儿，那拉车的车夫，更是衣服破碎得不成样，就同那乞丐一般。[申报 1907.11.19-18]

例（8）—例（10）中，"班"分别计量"航船""人力车"等。同样地，量词"班"计量"定时开行的交通工具"这一用法，也源自清末民初时期，二者均强调"时间性"。

4.计量相对固定的组织单位

（11）藕连丝照例颁行旨意，前去安民，那里晓得有班革命党，在里头作扰，终久不能安靖。[绣像小说 1903（11）1]

（12）山东内则：女塾规则业经拟定，分高等寻常两班教授，每班拟招学生三十名，每名学费银三两。[女子世界 1904（03）80]

（13）现有人递了禀帖，说这一班说书的，专仗着演唱书词，作个糊口，要是全禁止了，他们就没了吃饭的生路。[京话日报 1906.01.12-3]

（14）第一进似乎是间门房，左边一队军乐，右边一班吹打，横七竖八放着几条板凳，几张桌子。[小说画报 1917（10）36]

（15）这个六月雪，并甚么绿牡丹、小金桃一班名角，都是他们所赏识的，一出戏唱完了，六月雪换了一身极标致的衣服，走到西边厢楼上，打了一个招呼，方才走的。[绣像小说 1904（37）04]

（16）那最奇的，是养了两班戏子，不过供几个商家家宴之用。[新小说 1905（268）05]

例（11）—例（16）中，量词"班"分别计量"革命党""班级""说书的""名角""戏子"等。

5.计量戏曲

（17）凌贵兴因为抚院里的官司已妥，满心欢喜，邀了一众强徒，同来谭村，在裕耕堂中，大摆筵席庆贺，还乐得不够，又叫了一班戏，来家演唱。[新小说 1905（149）10]

（18）近日广兴园，平了一班京东昆腔，坐上的甚好，不敢妄加评，敝人不通昆曲，不敢妄加评论。[京话日报 1917.12.08-1]

清末民初白话报刊中，"班"量"戏曲"例较为普遍，这与清朝时期戏曲、戏班的繁荣发展有关。显然，"戏曲"在清末前常以"出""本"等计量，随着计量"固定组织"用法的"戏班"出现和转喻泛化，"班"在清末开始称量"戏曲"。

前文曾提及，清末民初时期处于汉语整体的大调整期，字形上的混用现象，在量词中也有体现。"般"与"班"就是如此，例如：

（19）据我眼里所见，耳里所闻的，实在也不为不多，偏偏将我这班人的脂膏，供他那一班的快活。[绣像小说 1904（30）1]

（20）他坐的也是象皮马车，他住的也是几间几厢，他用的也是大姐姨娘，他取乐的也是姨太，大概注疏本嫌他太繁，单注本隙是不繁，原有刻本，何不将来翻印，隙用这班陋劣荒疏的注本，还是总领学校的人，不晓得有那种书呢？[教育今语杂志 1910（02）29]

上二例中的"班"相当于"般"，表示"样""种"，表种类。此类字形混乱现象，到现代汉语中已被规范化。

【起】

《说文·走部》："起，能立也。"本义是从坐到立，引申为量词。明代文献已见，用来称量人或者事件等。清末民初时期，用于表示人时，犹"群""批"等；用于表示"事件"时，犹"件"。

据统计，清末民初白话报刊中，量词"起"共出现261次。

1. 计量事件

（1）中国这些年办的贼案，真是一起儿跟着一起儿的，接连不断，数也数不过来，重的就把他杀了，轻的就把他绞了。[敝帚千金 1906（14）37]

（2）列位看这起事，要晓得中西交涉的事虽然难办，也总可以讲个情理。[杭州白话报 1902（29）53]

上二例中的"起"，均可换为"件"，这一用法现汉中已消失。

2. 计量批量的人、动物和物体

（3）古时阿剌伯国里，有位公主生的美丽非常，年岁大了，求婚之人，一天至少也有十几起。[少年 1912 第 2 卷（03）06]

（4）那起更夫栅夫和那些叫化子，看见了赶忙跑过来，你抢我夺，都拿着享受去了。[小说林 1907（12）72]

张桂梅（2006）认为："起"作量词"在元末明初的《水浒传》中，这种用法的范围已不限于人"。我们赞成张桂梅的观点，直到清末民初时期，依然沿用。

显然，例（3）和例（4）中的"起"计量"人"，犹"群"。"动物"类名词也可受"起"的称量，例如：

（5）忽见洋人开了舱门，已领着买主估价来了，把所有的猪仔，共分作三起，十八岁以上至二十四五岁的为一起，三十岁上下的为一起，四十岁上下，和那有病的，另为一起。[京话日报 1904.11.25-3]

（6）向来田禾被蝗虫（即蚂蚱）的害处很大，往往庄稼长的很茂盛，一起蝗虫，年成必减十之七八。[北直农话报 1905（07）22]

清末民初白话报刊中，量词"起"还可以称量"物件"，如：

（7）俄京预备第三起舰队，派赴东方，用大战舰七只，巡洋舰四只，鱼雷舰四十只，联合成军。[京话日报 1904.12.9-4]

（8）亚弗拉把一天一夜二十四点钟，分作三起，八点钟办事，八点钟吃饭合养息，八点钟睡，按近日讲卫生学的说。[敝帚千金 1905（07）35]

（9）尹仁说："你怎么把那封银子，全给了他？"汪老二道："怎么不全给他，一起只有一百里银子，不算什么事。"[绣像小说 1904（35）02]

（10）本年春间，有俄皇后钦赐前敌兵士的衣物等件，用木箱装固，上贴封条，由西伯里铁路运到哈尔滨，打开箱子一看，都是些烂纸木片，只有盖面的一两件衣服，又有一起箱子，装的都是皮靴。[京话日报 1904.09.04-3]

（11）你可把那起药粉再拿点儿，早上吃一次，晚上吃一

次，现在我要开方子了。[小说时报 1917（32）20]

（12）那指印共有两起，一起是一只右手的大拇指和食指，正与水杯上留着的指印一模一样，一起是左手上的两指和一只大拇指。[小说时报 1914（21）11]

例（7）—例（12）中，量词"起"分别计量"舰队""全天""银子""箱子""药粉""指印"。

三、属别类

作为描述和分类事物的一种方式，属别表示某一类别下的不同分支或子类。清末民初白话报刊中，属别类集体量词承担着重要的分类作用，这里我们取：般、宗两个分别论述。

【般】

《集韵·桓韵》："般，亦数别之名。"用作量词汉代已见，但用例不多；魏晋南北朝时期获得了发展；到了清末民初时期，使用频率很高，主要用于称量思绪、告诫等抽象事物的品类样式。

据统计，清末民初白话报刊中，量词"般"共出现 326 次。

1.表示事物的种类及样式

（1）这些百姓们，全不懂合群自治的道理，因此无大众的讲议，无得失的激射，无美恶的法戒，无进退的比较，有此数般的弊病，因此百姓们妄生分别，妄生嫉妒。[湖南演说通俗报 1903（07）03]

（2）沈太太道："这般品行，如何当得教习，这是总办失于检点了，应该辞退他才是。"[绣像小说 1905（50）02]

（3）仲彭问起经武的老婆，经武便诡说他死了，那丫头又千般巴结，引得仲彭欢喜，便认做了女儿。[新小说 1905（145）11]

（4）你若不相信，请把欧洲各国的革命史翻起来一看便知道了，我的穷苦兄弟们，千万这般志气不要馁下来啊！[中国白话报 1904（20）06]

（5）法国这般凶横，如不极力帮西班牙抵当住他，将来定要做欧洲大害。[中国官音白话报 1898（16）18]

（6）想想从前中国那情形，看看现在中国这般光景，那配称得起穷人乍富呢？[大公报 1912.07.18-06]

例（1）—（6）中，量词"般"分别与"弊病""品行""巴结""志气""凶横""光景"等抽象名词组配表义，这一用法一直沿用至今。

2.用于人群，同"班"

"般"，通"班"。《汉书·礼乐志》："灵之来，神哉沛，先以雨，般裔裔。"颜师古注："般读与班同。班，布也。"例如：

（7）经侦探队调查，知道这暗杀党名叫走狗，受了独脚兽的指使，将这渔翁在车站旁击毙，即行脱逃，避匿在独脚兽家中，遂报告队长，加派侦探，密密的去文元洞里，把独脚兽走狗，以及一般嫌疑犯，一齐拘获，送到法庭。[大公报

1913.06.22-13]

（8）有一般才人志士及富家的子弟，在西班牙入了泥水义会，又在孟泥拿密地方，也是非律宾的岛民，设立一泥水义会，入会人数，就渐渐多起来。[杭州白话报1901（16）03]

（9）虽然古时候的拜法，共现在不同，也可见那般君臣，分不出什么上下了。[中国白话报1903（03）12]

（10）忽听澎湃一声，有数十来丈的高浪，打将船面过去，水手竟被这浪卷下去二人，满船面都是海水，吓得一般客人，面如土色。[大陆1903（03）22]

例（7）—例（10）中，量词"般"分别计量"嫌疑犯""才人志士""君臣""客人"，这种字形上的混用现象直到现汉中才消失。

【宗】

《说文·宀部》："宗，尊祖庙也。"本义是尊崇的先人。引申为家族之义，由此引申为量词。隋唐五代文献已见，用来称量货品等。到了清末民初时期，量词"宗"获得了进一步发展，计量对象大大增加。

据统计，清末民初白话报刊中，量词"宗"共出现528次。

1.计量人和动物

（1）当这个竞争时代，像这宗无生气的民族，想免却国亡种灭的大祸，恐怕难得很罢！[安徽俗话报1905（20）02]

（2）有一种无德的匪类，瞧见少妇坐船经过，必要指东说西的，胡说一阵，这宗匪徒当初是没有教育，如今可害及风俗了。[京话日报 1914.08.24-4]

上二例中，量词"宗"计量"民族""匪类"，句义表贬义。

（3）因为西洋另有一宗人，不贪世上的功名富贵，专以修德克苦为主就，大家立了一会，隐在清净地方，天天养性修真。[大公报 1902.07.26-04]

（4）侦探本是一宗无影无形的机密人，有了局队出来进去的人，被人民认识了去，还能够改换面目探事吗？[京话日报 1906.05.05-1]

例（3）—例（4）中，与量词"宗"组配的为"人""侦探"，句义为中性义。

（5）唉！要说起狗这宗畜类来，有可恨的地方，也有可怜的时候。[敝帚千金 1907（22）55]

（6）这宗白蚂蚁生的子极多，伤损物件更是利害。[京话日报 1905.2.15-3]

（7）日本派人到美洲加拿大地方买了许多马匹，这宗马身高力大，打仗最是合用。[京话日报 1904.12.25-3]

例（5）—例（7）中，量词"宗"分别与"畜类""白蚂蚁""马"等动物类名词组合表义。

2. 计量成批或者成件的物品

（8）王裤带借势说道："我作的这个生意，就专卖这宗坤鞋，就是所扎出来的花，没有姑娘扎的好看。"[星期小说1911（111）39]

（9）虽关上另外有酬劳的银，按期领到，只弥补平时的亏空罢了，那里能藏这宗银子，备缓急用度。[中国官音白话报1898（12）12]

上面二例中，"宗"与"坤鞋""银子"组合，计量成批的物件，强调成批物件的功能。"宗"做量词计量"物件"类，也可表示"单个的小物件"。例如：

（10）鸦片烟一物，凭那个斗的小窟窿，不知害了多少人，上谕再三禁止，明有热心君子善劝，暗有巡警稽查，办的稍有点儿眉貌，可又兴出一宗扎小窟窿的物件，其物很小，关系可极大，名字叫吗啡药针。[吉林白话报1907（43）06]

（11）从前我在北京里大街上，看见有个摆摊子的，卖的是一宗小玩艺儿，这宗玩艺并不算什么稀奇古怪的东西。[敝帚千金1906（15）40]

（12）三里因此鞋游行各处，最为方便，不像自行车那样笨重，实在是一宗灵巧物件。[京话日报1906.04.02-5]

（13）这一群麻雀从何而至呢？此乃是下界的一宗赌具，听说下界人皇传下旨意，要将他尽行禁绝，想是他们怕雁法纲，

故而飞来天上。[安徽白话报 1909（01）30]

例（10）—例（13）中，"宗"分别称量"物件""小玩艺"
"赌具"等"小物件"，强调个体功用。

3. 计量事情，犹"件"

（14）他们两个如今已渐渐好起来，不如趁势和他们早些完
了这宗婚事罢。[新民丛报 1904 第 3 卷（02）66]

（15）昨天二十三日，礼部衙门各堂官都到齐，会同坐在大
堂上看演一宗典礼，名为鸟春，又叫作呼庐哈达，这宗礼节历
年如此。[京话日报 1906.01.19-3]

（16）英皇见法国涅提督，提起从前一宗案件，谢他照应，
赏给一座宝星。[京话日报 1905.5.12-4]

（17）申大头跟了一位太爷，走到刑房，把锁开了进去，查
点案卷，一宗一宗，给这位太爷过目收藏。[绣像小说 1904（26）
150]

例（14）—例（16）中，量词"宗"组配的名词分别为"婚
事""典礼""案件"，均表示"事件"类；例（17）中的"宗"
计量"案卷"，是由"事件"转喻而来。

4. 表示"种类"

（18）诸位研究教育专门，这也算一宗实业，就有了这个根
据地，有了余力。[吉林白话报 1907（23）03]

（19）日本海军专心添造这一项船，现时正认真讲究预备材

料，在船厂动工制造，不久就可以完工，这一宗驱逐舰，比别的船身稍大，开行的力量极为灵便。[京话日报 1904.3.1-3]

（20）你们党中人，也为的是要救援无罪良民，这飞艇队成功，便没有一宗战器可以抵抗。[东方杂志小说 1918（8）1]

（21）石教习一看，便绉了绉眉，说你老先生太不达时务了，如今废弃八股，专讲新学，要出这宗题目，叫外人知道，岂不拿着当作笑柄。[法政浅说报 1911（27）45]

（22）现在京城开设分馆，门外有五彩牌坊，凡去买书的人，另外都有赠彩，并附送中外合历月份牌，借此招徕主顾，也是商务竞争的一宗新闻。[京话日报 1906.02.15-3]

例（18）—例（22）中的"宗"意为"种"，分别与"实业""驱逐舰""战器""题目""新闻"具体事物组配表义。

（23）这兵何尝卑贱，不但不卑贱，并且是一宗儿贵重的职务。[敝帚千金 1906（13）46]

（24）玛琪拖亚站在户外，听他们所谈，甚有本末条理，心里赞叹道："就是甚么侦探，也不容易探出许多事故来，不意那厮，倒有这宗本事。"[新民丛报 1905 第 3 卷（23）110]

（25）王海的办法在顺天府禀求代奏，准其报効捐修，要叫他把这宗报効捐立学堂，恐怕就不大愿意了。[京话日报 1905.03.04-2]

（26）没是没非的，因为去烧香把命给断送了，你说冤不冤

呢？再说还有因为烧香引起火来的呢，像这宗善心，岂不是跟那灰鼠一样，自找其祸幺？[敝帚千金 1906（21）28]

（27）他看见这个女子，如花似玉，心里又不知发生一宗甚么感想。[星期小说 1911（101）11]

（28）我因为遭了这回事，打算不存钱，无奈天生是这宗性子，改亦改不了。[星期小说 1911（86）11]

例（23）—例（28）中，量词"宗"分别与"职务""本事""报效""善心""感想""性子"组配表义。其中，除"职务"表示"人的外部"抽象物之外，其余名词均为"人的内在特质"类。

（29）若美国的斜文，英国的洋标，日本印度的棉纱，德法两国的丝光羽绸等，都是通行我国垄断利权，连几个铜角子也能飘过海去，还说自己所穿的都是一色洋货，把来作一顿牛皮吹，岂不是一宗笑话？[吉林通俗教育讲演稿 1917（16）79]

（30）镖局子里朋友既然识得和尚本领，偏不晓得和尚出处，自然还有一宗隐情，和尚自己不说。[小说画报 1917（07）144]

（31）我借你们这个堂，打打醮、念念经，好不好不用说，必然大碰钉子，并非是耶稣教不认和尚为同胞，实在是宗教问题，有不容侵犯的完全自由，更有教理上的范围，不能行这宗方便。[大公报 1913.05.22-06]

（32）每年正月二十三日，德胜门外黑寺喇嘛庙，有一宗热闹，名叫打鬼，原为结人民散祟除邪的意思，就是古时候的傩礼，如今失去了本意，只当作玩艺儿了。[京话日报1906.02.14-6]

（33）原来京城里面有倒赶城一宗巧法，只因城门关得早，开得也早，三更多天便开了，就好出进，叫做倒赶城。[绣像小说1904（27）157]

（34）其实罪过，如同一线穿的珠子，这颗连那颗的，人犯一宗罪，除非从中裁断，别宗多少罪，必定挨次随后来了。[善导报1916（48）823]

（35）中国官吏向我们交涉，我们何词以对，这宗干系我们可不能担。[星期小说1911（62）24]

（36）各国的生计不同，各人的家业不等，这宗义务有尽得起的，有尽不起的。[大公报1913.06.28-06]

（37）五帝的时代，有做衣裳的，有教民人耕种刨锄的……凡悟出一宗新理，创出一种新法，制造一件新器具，只凭着一人的手足，一人的口舌，万也不能把天下人教会了。[京话日报1906.01.03-2]

（38）从发布章程的日子起，一律禁止开烟馆，听得业已奏准依议，不日即可发布出来，现今正在要讲自治，列位同胞们，请把这宗最大的祸根，自己斩断斩断，不必待他来干涉哩！[竞

业旬报 1906（05）34]

（39）这种小蛤蟆西洋也有，若把它养活着，还有一宗用处。[官话注音字母报 1916（16）21]

（40）这水因为甚么就漏出来了呢，就因着水有一宗压力，这个压力无论上下左右，是通要压的。[北直农话报 1906（19）11]

例（29）—例（40）中，量词"宗"分别计量抽象名词"笑话""隐情""方便""热闹""巧法""罪""干系""义务""新理""祸根""用处""压力"。

这类名词数量众多。据我们统计，清末民初时期，量词"宗"可计量的抽象名词的数量仅次于"个"，泛化严重，但现代汉语中，这些用法几乎消失殆尽。类似的抽象名词再如：时势、现象、骚扰、勾当、主见、嗜好、名气、主义、手段、刑罚、利权、道理、利益、利息、缺陷、难处、累赘、习气等。

第五章

清末民初通用量词研究

在清末民初的白话报刊中，泛指类量词有两个，即"个""枚"。泛指量词是指："有一些量词在演变过程中由于各种各样的原因，离其自身的本义越来越远，它们在作为量词使用时对所能称量的事物的要求也就越来越宽松，逐渐成为一个使用范围十分宽泛、意义特征很不鲜明的量词。[48]"下文我们分别论述。

第一节 个

《说文·竹部》："个，竹枚也。"本义是竹一枚。量词"个"产生于先秦，唐代取得了较大发展，宋元以后，其使用频率进一步增加，一直延续至清末民初直至现代汉语中。

---

〔48〕陈绂. 从"枚"与"个"看汉语泛指性量词的演变 [J]. 语文研究，2002（01）:33-35.

在 50 种白话报语料中，量词"个"共出现 46392 次。其中，"個" 35865 次，"箇" 7052 次，"个" 3475 次。量词"个"在古汉语中有"个""箇""個"三种书写字形，其来源较为复杂。由于本书不侧重字形的考辨，且三者在与名词组配的使用中无差异，因此我们不就此展开溯源工作，统一归为现代汉语中的简体字形"个"。

作为汉语中量词使用频次最高的量词，"个"几乎可以与所有的物质名词和部分抽象名词搭配表量。作为现代汉语发展的前阶段，清末民初时期的"个"可计量的名词范畴相当广泛。

1. 称量物质实体

据统计，清末民初可与"个"组配的实体名词有 289 个。例如：

（1）欧洲有大国有小国，内中有一个法兰西国，素来有暴虐的声名。[中国官音白话报 1898（5、6）1]

（2）吴地由南到北，共计八百里，统共有地面，四十万五千方里，统属着八个府，三个直隶州，一个直隶厅，三个州，两个厅，六十个县，人口共有三千七百八十万。[江苏白话报 1904（4）20]

（3）美洲一面是太平洋，一面是大西洋，两个洋面，如要彼此相见，除非湾湾曲曲，走尽了南美洲，才能如愿。[少年 1912 第 2 卷（04）12]

（4）我们锡金地方，不是有一座惠山，山上不是有一个清泉吗？[白话报 1908（2）6]

（5）李兰操向李梦借得小船一个，足足得忙到八点钟。[新小说 1903（15）07]

（6）因为衙门里有许多公事，我又到洋大人那里去，请他们吃了一顿大餐，商量卖一个矿的交易。[申报 1908.03.26-26]

（7）那些卖烟卖土的商人，明年若能改做别项生意的，便赏他一个勋章。[竞业旬报 1908（36）57]

（8）到了衙门，大人就坐堂，叫把布呈上去，看了一看，就拍着惊堂问道："你这布，那里来的。"[绣像小说 1903（11）05]

（9）这个书，只要认得几个字的，都自己看得过，不要老师讲解，都自己讲得过。[启蒙通俗书 1902（1）1]

（10）不才正在前面逃走，只听得后面果然一个枪声，那弹子便从不才左边掠过，险的把生命丧了。[新新小说 1904 第 1 卷（4）10]

（11）摩楷拿出一个钥匙，把门开了，铁三便耸身跳将下去。[小说时报 1913（18）25]

（12）达威德尔看会友里头，有一个穿巡捕衣服的，便心生一计。[京话日报 1904.9.9-3]

以上诸例中，"个"分别计量"法兰西国""府州厅县""洋面""清泉""小船""矿""勋章""布""书""枪声""钥匙""穿巡捕衣服的"等具体名词。其中,"个"计量"洋面""书"等情况在现代汉语中已不再出现,但是在清末民初的白话报刊中却极为普遍。类似的名词还有:卫星、朝代、洲、学堂、法律院、跳舞会、车站、沙丘、瀑布、飓风、明信片、书架、鱼雷、乐器、粽子、骡子、树枝、微生物、细胞等。

2. 称量抽象事物

据统计,清末民初可与"个"组配的实体名词有 146 个。例如:

(13)要是不给他一个贵重的位,他也是把才干展不出来,要是不给他俸禄,他也是自己觉着不安。[湖南演说通俗报 1903(06)02]

(14)譬如问他为什么讲这种学问,他就说世界上行这个风气,不得不学些装装场面。[无锡白话报 1898(4)3]

(15)现在的时势,我国人想想,是怎样的一个时势,再过三年五年,又该当要变成怎样一个局面。[京话日报 1904.12.19-1]

(16)我们中国顶大的一个病痛,便是人心不齐。[杭州白话报 1901(20)01]

(17)李楷度也道:"可惜可惜,你把一个线索轻轻丢掉了。"[小说时报 1915(25)26-27]

(18)大凡人要办一件事,不论这事大小,总要将这件事的利处跟害处，搁在天平上秤一秤，要是将两个利处在一处秤起，总是取那个利重的去办；要是将两个害处在一处秤起来，总是取那个害轻的去办。[大公报 1912.01.23-6]

上 6 例中，"个"分别与抽象名词"位""风气""时势""局面""病痛""线索""利处""害处"等搭配，发展到现代汉语，"位""病痛""时势"等已不再受"个"的称量。类似用法的抽象名词再如：教律、条陈、地狱、罪名、方法、恩典、希望、快乐、关系、决断、道理、式样等。

3. 用于"AA"式重叠

量词"个"的重叠式"个个"表遍指义，即用形式上的增量表语义上的增量。清末民初 50 种白话报刊中共出现 646 次。例如：

（19）圣贤，诸位是晓得的，人侥幸得了这个绰号，个个是要敬重他的罢。[竞业旬报 1908（31）01]

（20）那一种光艳的颜色，居然叫全社会的人，都错愕起来，因此博得个个喝彩。[少年 1911（06）1]

（21）那时他们尚敢说我们是老大帝国么？还敢想瓜分我们中国么？这就是我们中国人个个的责任了。[江苏省巡回讲演杂志 1917（2）169]

例（19）中的"个个"作主语，例（20）中的"个个"作兼语，既是"博得"的受事宾语，又是动作"喝彩"的动作发

出者，做主语；例（21）中的"个个"作"中国人"的补助语，
用来加强语气。

值得注意的是，我们在语料中发现了"个个人"的用例，
且数量较多，为 127 例。通过检索北京大学 CCL 语料库历时文
献发现，这一的特殊的量词重叠现象早在明朝时期就有用例，
但其使用频次较低，为 12 例。直到清末民初时期的大量使用，
民国至新中国成立前共 33 例，1957 年前后趋于消隐，不再出现。
举例如下：

（22）第十条叫做教化，要教到个个人心肠好。[中国官音
白话报 1898（5、6）06]

（23）那一件事，是什么事，便是个个人顶信顶信的乩坛。
[杭州白话报 1901（17）01]

（24）列位，你们要晓得，读书这一件事，是个个人的本
分，不论男女，不论贵贱，不论农工商兵，没有一个可以离掉
他的。[苏州白话报 1901（4）3]

这一时期的"个个人"多数情况下均作兼语，类似的再如：
个个字、个个戏等。除此外，"个个"也可以和"人人""人
民""礼拜"等名词临时组合，反映了清末民初时期汉语量词过
渡性的典型特征。如：

（25）平日因钱财结怨渐深，要是解悦人心，顺了张三，堵
不住李四的气，反为不美，而且总不算正用，有个实在正用，

又叫人人个个，不论官府绅士，四乡八镇的好人歹人，都要称赞拜服。[新小说1905（176）03]

（26）问：然则民主国，是个个人民，都有命令的主权吗？答：非也，民主是指国民全部的团体。[河南白话科学报1909（37）06]

（27）单单靠着男人生活，就是男人有些进款，家口重的也狠难过日子，何如个个女人，都学好工艺，或就人家的馆，或造出东西，卖卖了钱，一则可以帮贴家计，一则能够自立，不受男子的气，岂不好么？[福建白话报1904（03）37]

（28）两校比球，每年至多举行一二次，独有比球一项，不妨个个礼拜比一次。[小说画报1917（5）11]

第二节 枚

《说文·木部》：“枚，干也。”本义树干的意思。我国古代用的是算筹计数，在最初的算筹就是树干等类，由此引申为量词。“枚”的量词用法最早见于西汉早期，在汉代是使用最为广泛的泛指量词，魏晋南北朝时期“个”的使用频次急剧增加，超过了“枚”，这种情况一直延续至现代汉语中。清末民初时期的“枚”共出现306次，其计量范围较之前代稍有扩张，主要表现在与新兴事物的组配上，历史上的很多名物词已改换搭配量词而弃"枚"不用了。

1. 称量钱币类事物

清末民初白话报刊中，"枚"的主要称量对象为货币类名词，共出现 177 次。此类计量用法为新产生，这可能和当时钱币类名词的大量涌现有关。例如：

（1）法国有个博物学大家叫作菩拱，有一天对着仆人说道："若能每早六点钟唤起来，每次给铜币一枚。"[吉林通俗教育讲演稿 1917（12）70]

（2）湖北去年所铸一两银币，约有十万多枚。[京话日报 1906.07.25-3]

（3）极多的车费，也不过小银币一枚，世界所有的名都大城，每一小时，必有公共电车，来往一次。[小说时报 1909 第 1 卷（01）26]

（4）客人想是初到此地，说得好笑，那不是缙绅信宅，乃是立雪旅馆，化二枚银币，便可安睡一宵。[申报 1915.09.22-14]

（5）噶棱达顾对其侍者说："速取私库中金币千枚。"[绣像小说 1903（15）16]

（6）那人一面起身，一面取出一枚金圆，交给鲍别崇，说这是二十个法郎，算还酒帐。[新小说 1905（106）14]

（7）忽听门外有人扣门，来的便是舢板船船主，男爵夫人先给他五十枚鲁易，讲明只要一踏到英国海边，再付五十鲁易。[小说时报 1911（11）29]

（8）在下便急忙的将桌上书籍收拾起来，跑出书斋，唤了一个小婢，给他墨西哥一枚，叫他去吩咐厨役，赶快备此酒菜。[申报 1916.01.17-14]

（9）一日老妪邀余赴宴，余易华服，携金钱一百枚往，为黑人所禁，不得出。[绣像小说 1905（43）60]

（10）夏天有种霍乱时疫，有嚼铜钱数枚即愈，铜含绿气最毒，反能治病，是什么原故？[杭州白话报 1902 第 2 卷（13）17]

（11）十元以上的，由当补出票，上面先贴印花税票一分，这一分税票，才合铜元一枚有零，仿佛邮政票一样。[回文白话报 1913（06）101]

（12）洋点心每碟铜子十枚，干果子每碟铜子三枚。[河南白话演说报 1908（135）04]

2. 计量炮弹类物体

报刊中，"枚"可计量的炮弹类物体，共 29 次。这与清末民初时期西学东渐下先进事物的相继传入有关，有趣的是，量词"个"也可以称量此类事物，但其频次要少于"枚"。理论上当时的泛指量词"个"更占优势，数量应该超过"枚"，但情况却相反，其动因尚待考察。举例如下：

（13）二十九日，炮弹由海面来的，已有二百十三枚之多，俱系三十生的米达〔49〕，三十日，此项炮弹共有一百三十九枚。[申报 1914.11.14-3]

（14）他出阵起来，一个兵手里挟着两枚炸弹，待至敌兵临近，抛掷起来，轰雷价一声，血肉横飞。[小说画报 1917（08）157]

（15）十月十七日晚间，吾人鱼雷艇S九十号逸出封港，发鱼雷三枚，击沉日舰一艘。[申报 1914.11.14-3]

（16）钟国洪开列预算表，一纸列右，计开，后膛毛瑟枪一千枝，枪子十万枚，火药五百吨。[中国白话报 1904（11）55]

3.计量其他小型物品

此类用法来自古代汉语的承继，多以小巧精致之物和食物类居多，共出现 100 次，占比较大。

（17）古今各国的货币勋章，共总有十五万个，雕板共总有一百三十万枚，相片共总有十万张。[少年 1911（09）02]

（18）这花现出一种极美的淡红色，那一部叫花冠，有片五枚，各片就叫瓣，花冠的外部，还有五枚小片，现出茶色的叫萼。[安徽俗话报 1904（15）29]

（19）年长的微微的笑着，向衣囊中取出一枚铅笔，执着白纸写出"中将汤"三个字。[申报 1913.09.09-14]

---

〔49〕"meter"的音译，汉语量词"米"

（20）那六个贼一拥而进，遂把抽屉里的大洋二十五元，小洋一百四十一角，钢表一枚，银珠圆一副，携带呼哨而去。[公教白话报 1917 第 5 卷（03）33]

（21）十九日下午二时，有个某甲，由邻家借了一枚戒指，拿到平则门大街广庆当铺当钱，当铺说是假的。[京话日报 1914.03.22-5]

（22）间天生惠寄邮票一枚，值银二元，因无用处，已交胡诵初君转还。[申报 1913.04.21-10]

（23）岑宫保查明他们的功劳，现时分赏下来，每人银牌一面，银簪一枚，现洋一元，作为奖励。[京话日报 1905.04.24-3]

（24）某军机处，得某老八行书，略施运动手段，竟得口科状元，抵家，发报单，开贺得礼银，番饼五百枚，岂不大快。[竞业旬报 1908（37）46]

（25）军舰中用寻常的面包者，每日仅一次，其余都是用下等的面包，鸡蛋一枚，须价五分。[中国白话报 1904（13）57]

（26）那药只三味，是大白芍三钱，甘草五分，青果三枚。[绣像小说 1905（54）02]

王绍新（2018）认为："在现代汉语里，'枚'只能量体形较小的奖章、钱币或炸弹、子弹等物，使用频率很低。"[50] 显然，正是在清末民初这一过渡阶段，"枚"的计量对象范围逐步减

〔50〕王绍新.隋唐五代量词研究 [M]. 北京：商务印书馆，2018：514.

少的。

例（17）—例（26）中，"枚"可计量的事物分别为"勋章""花瓣""铅笔""钢表""戒指""邮票""银簪""番饼""鸡蛋""青果"。

这从一个侧面反映出清末民初时期的语言处于新旧语言转换的发展界点，来自古代汉语的用法虽然在逐渐的消失，但是仍然留存在当时人们的语言实体中，并未完全退出。而像例（1）—例（16）这类新计量组合的出现必须要经历一段时间的考验才能固定下来。事实证明，到了现代汉语中，"硬币"类和"炮弹"类事物至今仍然与"枚"强势组合。

通过上文的分析，可以看出"个"和"枚"在清末民初时期仍然"显赫"，这一共时面貌来自于对古代汉语的继承和泛化量词自身的"磁场"优势，例如"导弹"类的出现不会用"条"或者"根"来计量，而是优先用"枚"与其组配。当然，这一方面是泛指量词的"出镜率"高带来的语用上的首选，使得新事物能更迅速地被大众所认识；另一方面，量词与名词的搭配也需要语义上的一致性，即量词自身的语义特征必须和所要称量的名词语义相配。

结　语

　　20 世纪 50 年代末，量词作为汉语中的最后一个词类才最终确立下来，由此学界给予了量词较多持续性关注，研究多数涉及汉语量词的断代研究、专书研究、量名搭配以及单个量词的考释等方面。截至目前，清末民初这一历史巨变时期的汉语量词概貌仍被掩埋在相关文献中未被发掘，导致前贤时仁未曾关注清末民初汉语量词的共时面貌及其历时演变。

　　正是由于前人并未注意到清末民初白话报刊这一特殊的语言材料，才会对这一时期汉语量词的源流和发展认识不清，未形成关于汉语量词认知的完整闭环。正如历史具有时间上的连续性一样，语言的发展演变也是渐进地调整，包括清末民初语法、词汇在内的语言现象都是如此。

　　本书选取 50 种清末民初白话报刊，建立多达 1200 万字的 Word 语料库，选取具有典型性的 57 个量词（37 个个体量词，18 个集体量词，2 个通用量词）进行计量描写发现：现代汉语普通话中的量词并非从清代量词直接继承而来，而是经过清末民初和民国这两大阶段演化而来的。其中，清末民初时期量词的变化较大，处于"新旧更替"的过渡阶段；民国的量词则变化较小，处于微调阶段。从数量上看，清末民初时期被淘汰和计量范围有增减变化的量词占比 1/3。随着新旧事物的产生和消亡以及语用上的需要，汉语量词在这一时期"换血率"较高；从量词的用法来看，本时期的汉语量词"泛化"严重，同一量词可组配的名词较多，量词的语法化程度较高。例如清末民初时期的量词，无论是个体量词的"条"还是集体量词的"宗"，二者所能称量的抽象名词数量众多，发展到现代汉语中，几乎见不到这类用法。

本书通过大量的例证表明，除去度量衡量词外，清末民初时期量词的数量和用法均已达到历史之最，在汉语量词发展史上，是继魏晋南北朝之后，汉语量词的又一个高峰。

当然，任何研究都不可能是无暇的。限于能力和精力，本书未能对清末民初汉语量词中涉及的众多具体现象进行详细的研究，仅是抛砖引玉进行描写和分析，期待引起学界更多的关注和探讨；民国时期的汉语量词也极为关键，是现代汉语量词链条中的重要一环，值得进一步探求，希望在将来的科研中深入发掘。

参考文献

一、著作

1. 吕叔湘. 吕叔湘文集. 中国文法要略〔M〕. 北京：商务印书馆，1900.

2. 张志公. 语法和语法教学〔M〕. 北京：人民教育出版社，1957.

3. 刘世儒. 魏晋南北朝量词研究〔M〕. 北京：中华书局，1965.

4. 吕叔湘. 现代汉语八百词〔M〕. 北京：北京商务印书馆，1999.

5. 何杰. 现代汉语量词研究〔M〕. 北京：民族出版社，2000.

6. 洪艺芳. 敦煌吐鲁番文书中之量词研究〔M〕. 北京：文津出版社，2000.

7. 邵敬敏. 汉语语法的立体研究〔M〕. 北京：商务印书馆，2000.

8. 徐时仪. 古白话词汇研究论稿〔M〕. 上海：上海教育出版社，2000.

9. 张斌．现代汉语实词［M］．上海：华东师范大学出版社，2000

10. 邵敬敏．现代汉语通论［M］．上海：上海教育出版社，2001.

11. 赵元任．汉语口语语法［M］．北京：商务印书馆，2001.

12. 石毓智，李讷．汉语语法化的历程［M］．北京：北京大学出版社，2001.

13. 黄伯荣、廖序东．现代汉语［M］．北京：高等教育出版社，2002.

14. 邢福义．汉语语法三百问［M］．北京：商务印书馆，2002.

15. 郭先珍（主编）．现代汉语量词用法词典［Z］．北京：语文出版社，2002.

16. 陈颖．苏轼作品量词研究［M］．成都：巴蜀书社，2003.

17. 李锦芳．汉藏语系量词研究［M］．北京：中央民族大学出版社，2005.

18. 王力．汉语语法史［M］．北京：商务印书馆，2006.

19. 石毓智、李讷．语法化的动因与机制［M］．北京：北京大学出版社，2006.

20. 王力．汉语史稿［M］．北京：中华书局，2007.

21. 朱德熙．语法讲义［M］．北京：商务印书馆，2007.

22. 刘子平（主编）．汉语量词大词典［Z］．上海：上海辞书出版社，2013.

23. 田鑫 . 汉语动量词及动量短语研究［M］. 北京：中国和平出版社，2014.

24. 麻爱民 . 汉语个体量词的产生与发展［M］. 北京：中国社会科学出版社，2015.

25. 李建平 . 隋唐五代量词研究［M］. 济南：山东人民出版社，2016.

二、论文

1. 王绍新 . 量词"个"在唐代前后的发展［J］. 语言教学与研究，1989（2）.

2. 沈家煊 . "语法化"研究综观［J］. 外语教学与研究，1994（4）.

3. 邵敬敏 . 量词的语义分析及其与名词的双向选择［J］. 中国语文，1993（3）.

4. 邵敬敏 . 动量词的语义分析及其与动词的选择关系［J］. 中国语文，1996（2）.

5. 王绍新 . 从几个例词看唐五代动量词的发展［J］. 古汉语研究，1997（2）.

6. 张万起 . 量词"枚"的产生及其历史演变［J］. 中国语文，1998（3）.

7. 李建平. 唐五代动量词初探［J］. 胜利油田师范专科学校学报，2003（4）.

8. 金桂桃. 唐至清的量词"件"［J］. 长江学术，2006（1）.

9. 孟繁杰，李如龙. 量词"张"的产生及其历史演变［J］. 中国语文，2010（5）.

10. 孟繁杰，李如龙. 量词"片"的语法化［J］. 语言研究，2011（3）.

11. 李建平，张显成. 汉语量词语法化动因研究［J］. 西南大学学报，2016（5）.

12. 冯赫. 汉语量词"合"与"合（盒）"的历时考察［J］. 汉语学报，2018（03）.

13. 乔会.《儒林外史》量词研究［D］. 长春理工大学硕士学位论文，2007.

14. 焦方方. 清末侠义公案小说量词研究［D］. 山东大学硕士学位论文，2008.

15. 李建平. 先秦两汉量词研究［D］. 西南大学博士学位论文，2010.

16. 曹芳宇. 唐五代量词研究［D］. 南开大学博士学位论文，2010.

17. 乔会. 清代笔记小说量词研究［D］. 吉林大学博士学位论文，2018.